文物之美

翁淮南　主编

中国大百科全书出版社

图书在版编目（CIP）数据

文物之美 / 翁淮南主编 . -- 北京 ：中国大百科全
书出版社，2025.1. -- ISBN 978-7-5202-1769-9

Ⅰ.K87-49

中国国家版本馆 CIP 数据核字第 2025PL2404 号

出 版 人：刘祚臣
责任编辑：刘敬微
责任校对：黄佳辉
责任印制：李宝丰
出版发行：中国大百科全书出版社
地　　址：北京市西城区阜成门北大街 17 号
网　　址：http://www.ecph.com.cn
电　　话：010-88390718
图文制作：精　呈
印　　刷：唐山富达印务有限公司
字　　数：100 千字
印　　张：8
开　　本：710 毫米 ×1000 毫米　1/16
版　　次：2025 年 1 月第 1 版
印　　次：2025 年 1 月第 1 次印刷
书　　号：978-7-5202-1769-9
定　　价：48.00 元

编 委 会

主　编：翁淮南

统　筹：杨　超

委　员：梁　黎　张志华　杨　超　王立峰　俞　灵　李珂珂

　　　　司　卫　胡梅娟　罗蓁蓁　黑梦岩　杨　玥　李竞辉

　　　　钟超超　胡安娜　吉嘉洁　武闻达　钱明苏　王立伟

　　　　石鸿波　柴晨鸣　翁乐君　丁贵梓　朱香一　余定泽

目　录

《女史箴图》：

中国美术史的“开卷之图”

　　《女史箴图》是中国古代最珍贵的卷轴画之一，被誉为中国美术史的“开卷之图”。画作者顾恺之是中外绘画史上有作品可考证的第一位知名画家。

⊙ 从《女史箴》到《女史箴图》

　　《女史箴》是西晋文学家张华所作的一篇辞赋。晋惠帝时，皇后贾南风专权善妒，据《晋书》卷三十六记载，“华惧后族之盛，作《女史箴》以为讽”。张华借《女史箴》记载妇德来“劝劝”贾后，并借此教育宫廷妇女。在古代，“女史”掌管宫内皇后的各种礼职文书，多由有学问并善书写的妇女担任；“箴”为古代一种格言形式的文体，常有规谏劝教的意义。《女史箴》以历代贤记事迹为鉴戒，是当时“苦口陈箴、庄言警世”的名篇。

　　《女史箴图》是为《女史箴》一文所作的插画性画卷，由东晋著名画家顾恺之所作。顾恺之（约345～406），字长康，晋陵无锡（今属江苏）人，出身于仕宦之家，曾任桓温及殷仲堪的参军，精通诗文、书画，时人称其“三

《女史箴图》唐摹本第一部分局部

冯婕妤挡熊	女史司箴
欢不可以渎	修容饰性

绝"（才绝、画绝、痴绝），被尊为"画家四祖"之一。顾恺之作画意在传神，主张"以形写神""迁想妙得""悟对通神"，为中国传统绘画发展奠定了基础。《女史箴》原文12节，顾恺之所画《女史箴图》亦为12段，内容结构趋同，体现了对文章的诠释，绘画形式也显得更加直观。作品描绘女范事迹，有汉代冯婕妤以身挡熊、班婕妤拒绝与汉成帝同辇等；其余各段都是描写上层妇女应有的道德规范，带有一定的说教性质。《女史箴图》成功塑造了不同身份的宫廷妇女形象，一定程度上反映了作者所处时代妇女的生活情景。

⊙ 旷古精绝 流传千年

顾恺之将其洒脱自然的个性、奔放细腻的文采以及丰富的艺术想象力，全部倾注到笔下的人物画创作中，勾画出情韵感人、细致入微的人物心灵世界，造就了他著称于世的"画绝"之名。他发展了老师卫协的人物画艺术，升华了人物画的理论高度并付诸实践。

顾恺之的人物画理论核心是"传神论"，高度重视眼睛在人物绘画中的传神作用。他认为"四体妍蚩，本无关于妙处，传神写照，正在阿堵中"。意即人物的四肢画得好坏无关紧要，要传神地画好人物，关键就在"阿堵"，即眼睛上。顾恺之对画人的眼珠十分严谨，认为"点睛"之笔"若长短、刚软、深浅、广狭与点睛之节，上下、大小、浓薄有一毫小失，则神气与之俱变矣"。所以，他的人物画数年不点睛，慎之又慎，一旦点睛，常轰动画坛。

顾恺之的"传神论"以眼神为基点，逐步扩展到周边环境、人的体形和面形等，皆可表现人物的内在精神。他在《魏晋胜流画赞》《论画》两篇论著中全面阐述了"传神论"，这也是中国人物画史上第一批关于人物画创作理论的专著，标志着人物画开始步入成熟阶段。

顾恺之在绘画中运用的线条被称为"游丝描"，其运笔匀净且富有活力，显示出生命的律动，极具感染力。唐朝张彦远在《历代名画记》里概括了顾恺之"游丝描"的魅力："紧劲联绵，循环超忽，调格逸易，风趋电疾，意存笔先，画尽意在，所以全神气也。"

甚为可惜的是，《女史箴图》原作已然佚失。现存于世的是两种临摹本：唐代摹本（现藏于大英博物馆）和宋代摹本（现藏于故宫博物院）。虽是摹本，艺术造诣与价值依然很高。以唐摹本为例，有学者推论其应出自唐代著名画家阎立本之手。画家把顾恺之"游丝描"和"兰叶描"技法线条运行得飘洒怡然、出神入化，成功表现了画面中各种人物的身份、性格和相互关系，尤其是对人物充满生活气息的细节刻画，前所少见。事实上，《女史箴图》唐摹本也被公认为是最接近顾恺之画风的画作，其笔法、色彩颇为传神，成为历代宫廷收藏的珍品，千百年来有序传承。画上有历代帝王和名家的藏印，有金章宗完颜璟御笔《女史箴》原文，有乾隆御笔题写"彤管芳"。

《女史箴图》原画 12 段，但唐摹本流传至今仅存 9 段。宋摹本有 11 段，但整体艺术性稍逊。有学者考证认为宋摹本的后 9 段是临绘唐摹本而得。

⊙ 历尽沧桑 命运多舛

不论是从创作年代来看，还是从艺术价值考量，《女史箴图》唐摹本都更加珍稀。但它的命运却曲折多舛，至今仍孤悬海外，成为大英博物馆三大"镇馆之宝"之一，尚无归期。《女史箴图》唐摹本都经历了哪些曲折坎坷？又为何流落异国？

《女史箴图》唐摹本先藏于唐内廷，由于唐末战乱，流入民间，后被北宋官员刘有方收藏。北宋书法家、书画理论家米芾的《画史》和《宣和画谱》著录了此摹本，宋徽宗政和（1111～1118）年间被收入宋内府（汴京，今河南开封），南宋高宗（1107～1187）年间随迁至宋内府（临安，今浙江杭州），后在宋金交聘中送给金国。金亡后，《女史箴图》唐摹本又折回南宋，为权臣贾似道所得。贾家遭籍没后，重归南宋内府。明代时，曾被严嵩、顾正谊、董其昌、项墨林收藏。清初递经张孝思、梁清标手，后入于收藏家高士奇，乾隆（1736～1796）年间终入清宫。

乾隆皇帝对《女史箴图》唐摹本非常喜爱，1746 年将其重新装裱，钤盖大大小小 37 个收藏章，置于御书房案头，且在卷后画兰花一枝，并御笔题写"彤管芳"。此后，《女史箴图》唐摹本长期被收藏于紫禁城建福宫的静怡轩。慈禧太后当政时期，《女史箴图》唐摹本被移往颐和园。

乾隆皇帝在《女史箴图》唐摹本上御笔题写的"彤管芳"

1900 年，八国联军入侵北京，劫掠颐和园之际，英军第一孟加拉骑兵团的克劳伦斯·A.K. 约翰逊上尉（Captain Clarence A.K. Johnson）趁乱将《女史箴图》唐摹本盗走。1902 年，约翰逊把画带回伦敦，但他并没有意识到该画的价值。1903 年初，他把《女史箴图》唐摹本拿到大英博物馆，想让对方给画轴上的玉扣估价。工作人员给整幅画估价 25 英镑，约翰逊当时未答应这个价码。两个月后，他致信大英博物馆版画与绘画部管理人西德尼·科尔文（Sidney Colvin），决定接受此价。于是，大英博物馆仅花费 25 英镑便购得此画，千年国宝自此流落异国他乡。

藏于大英博物馆后，《女史箴图》唐摹本的磨难并没有结束。由于缺乏相关知识，馆方并不清楚怎样更好地保存及展示这幅东方古画，他们按照西方的形式对其进行了改造。2001 年，书画鉴定家、原故宫博物院副院长杨新在大英博物馆近距离观摩《女史箴图》唐摹本后曾表示，英国人认为它就是像油画一样应该是挂在墙上的，所以一段一段截了下来，并采用"日式折屏手法"对其进行装裱，最终导致这幅古画出现明显的开裂与掉粉现象。原画上珍贵的题跋也都被裁剪下来，形成历史断层。

《女史箴图》唐摹本画卷被分为 3 部分：第一部分为原作部分，长 348

厘米、高25厘米；第二部分为后世添加部分，长329厘米、高25厘米；第三部分为乾隆朝邹一桂所作《松竹石泉图》，长74厘米、高24.8厘米。

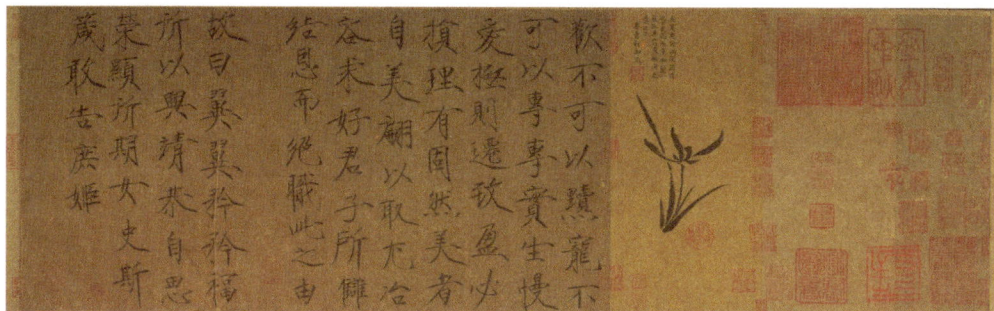

《女史箴图》唐摹本第二部分

《女史箴图》唐摹本第三部分

2013年，大英博物馆召开研讨会，各方专家就将《女史箴图》唐摹本割裂后装裱在木板上的方法进行讨论。为加强对《女史箴图》唐摹本的保护，现在每年仅展出1个月，其余时间入库珍藏。

相较于唐摹本，《女史箴图》宋摹本没有那么曲折的命运。1924年，宋摹本随溥仪出宫，后入藏东北博物馆（今辽宁省博物馆）。1953年，国家文物事业管理局从东北博物馆将《女史箴图》宋摹本调拨至故宫博物院。

《女史箴图》宋摹本局部，所绘内容由上至下"樊姬感庄""卫女矫桓"
"班婕妤辞辇""出其言善""灵监无象""静恭自思""女史司箴"

⊙ 内容审美与道德教化

《女史箴图》原画 12 段，唐摹本前 3 段已佚失。虽然《女史箴》留有全文，但依然不清楚《女史箴图》的第 1 段具体所绘内容，根据宋摹本可知，第 2 段是"樊姬感庄"，意为樊姬为了感动楚庄王，不吃禽兽之肉。第 3 段是"卫女矫桓"，意为齐桓公夫人卫女，不听郑卫之音。

第 4 段描绘了"冯婕妤挡熊"的景象。据《汉书·外戚传》记载，汉元帝看斗兽表演时，突然一只黑熊越过护栏，直扑元帝。在众嫔妃惊慌失措时，唯有冯婕妤挺身上前，挡住黑熊，保护了元帝。

第 5 段"班婕妤辞辇"同样典出《汉书·外戚传》。汉成帝欲与宠妃班婕妤同乘辇车，班婕妤坚辞不就。说三代亡国之君身不离宠妃，而贤明之君的左右尽是能臣贤才，以此劝谏成帝亲贤臣、治理国家。

第 6 段画"武士射雉"，画面右侧高山象征着高尚的品性，意即行善应从小做起，聚土成山；左侧弓箭手象征着施暴行恶，意即人如果变恶则一触即发，犹如发箭射雉。

第 7 段画"修容饰性"，意为女子除了重视外表，更要注重内在操守的修养。

第 8 段画"出其言善"，意在教诫女子应知好言善语对维系夫妻感情的重要性。

第 9 段画"灵监无象"，绘一群女子聊天，神灵时刻在暗察她们的言行。意在告诫人们的一举一动均须恪守规范、不逾矩。

第 10 段画"欢不可以渎"，男子挥手阻止前来寻欢的女子，提醒男女之间应欢愉有度。

第 11 段画"静恭自思"，一女子坐而静思，反省言行。

第 12 段画"女史司箴"，一个女史官面对二女秉笔直书，记述诸女操守。

从《女史箴》到《女史箴图》，似是对女子道德的要求，实则体现了人们对于美好品德的共同渴求、向往与弘扬。它揭示了中国历史和文化中独特的精神气质，有着宝贵的文化价值和艺术价值。

《写生珍禽图》：

"书画皇帝"的水墨花鸟

2009年5月29日，北京保利春季拍卖会上，随着拍卖师的一声"成交"，宋徽宗赵佶的《写生珍禽图》被"裁定"给中国商人、收藏家刘益谦，加上佣金，成交价高达6171.2万元。作为中国水墨花鸟画的代表作，《写生珍禽图》出自"书画皇帝"宋徽宗之手。流落海外70余年后，这件画作终于回到祖国的怀抱。

花鸟画诞生于群雄割据的五代十国时期，由其发展而来的黄、徐两大画派鼎盛于两宋。花鸟画的发展与"宫廷画院"的兴起和发展并行，相得益彰，是中国历史上一段由地方割据向八方归顺、国家大一统过渡的真实写照。

作为花鸟画的代表画家，宋徽宗赵佶将自己的花鸟画融合五代时期花鸟画两大画派的典型特征，创立了独树一帜的"宣和体"，引领画坛近千年，为中国后世花鸟画的发展起到了示范作用。

⊙ 从五代到两宋：中国绘画史上的"画院时代"

自先秦始，历经秦汉至魏晋南北朝，不同朝代的宫廷中已有"画史""应召画士""尚方画士""御前画师""秘阁待诏"等与绘画有关的身份称谓，到唐代甚至在宫中已有隶属于翰林院的画院。五代两宋期间，画院这一建制最终升级为一个由宫廷管辖的官方机构。

五代时期，西蜀和南唐分别处于长江上游和下游。由于远离中原地区，因此在藩镇割据的动荡年代，获得了相对的安定与发展。

西蜀地区早在唐玄宗为避安史之乱入蜀之际，就不断接收随玄宗而来的众多颇具名望的画家，而唐末入蜀的画家则更多，其中就有花鸟画黄家画派创始人黄筌的老师刁光胤。大批名家齐聚一堂，天府之地的绘画创作空前繁荣。

大唐灭亡前夕，以成都为中心的前蜀政权建立。934年，孟知祥又在成都建立后蜀政权。其子孟昶继位后，网罗生活在蜀地的众多画家，创建翰林图画院。这便是中国绘画史上第一座正式的宫廷画院。当时，画院设有翰林待诏、祗候等职位，黄筌被授予翰林待诏，负责掌管图画院日常事务。孟昶虽然在生活上耽于享乐，但其对文艺的雅好，却使这座中国历史上最早的宫廷画院兴旺地发展了30余年。

几乎在同一时期，建立于长江下游地区的南唐政权，继承大唐遗风，在这片山水优美之地兴文教、行科举，发展文化。保大元年（943），热爱文艺的南唐中主李璟仿照西蜀图画院之制，召集流散画家于宫中，亦开设翰林图画院。南唐翰林图画院建制较西蜀更加完备，设有翰林待诏、翰林司艺、内供奉、后苑副使、画院学士等职官，在画院任职的画家先后有上百人。南唐画院稍后于西蜀画院，经过30余年，随着南唐政权的覆亡而结束。

五代时期这两座画院的建立，不仅培养了画家、促进了创作，对宋代绘画发展产生了重要影响，画院这一建制本身也为宋代皇家通过艺术手段进行政治统治提供了一条看似不经意、实则更易深入人心的路径。

北宋建立的最初几年，宋太祖已开始招徕画家，并授以画院职官。乾德三年（965），蜀主孟昶携黄筌父子等归宋，极得太祖恩遇，并指定其搜访名画，诠定品目。开宝八年（975），南唐降宋，随南唐后主李煜归宋的画家就

宋徽宗赵佶《写生珍禽图》

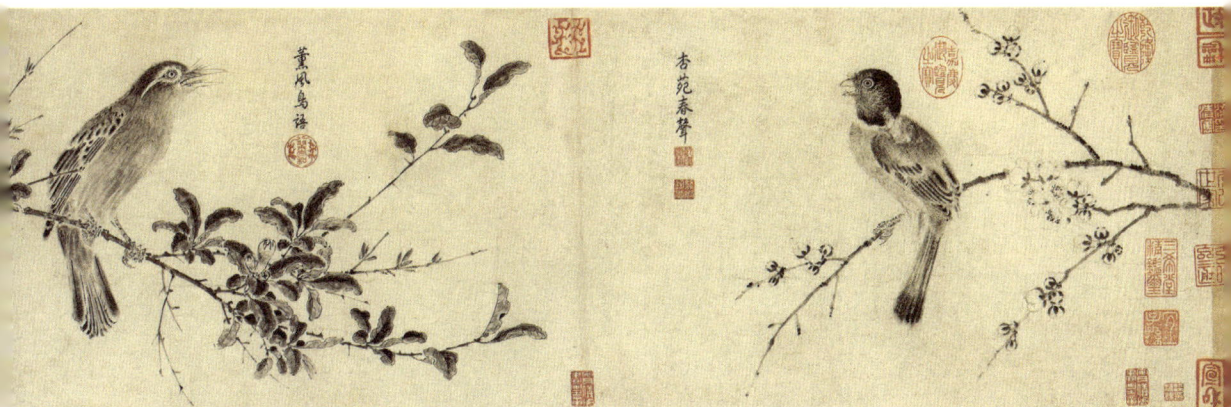

包括徐熙之孙徐崇嗣。两个画院中的许多著名画家都各随其主来到京师汴梁，使北宋翰林图画院的阵容空前壮大。

⊙ 花鸟画派："黄家富贵，徐家野逸"

五代宋初时期的两大花鸟画派分别是以黄筌、黄居寀父子为代表的工笔花鸟画派，以徐熙、徐崇嗣祖孙为代表的水墨花鸟画派。北宋著名书画鉴赏家和画史评论家郭若虚称之为"黄家富贵，徐家野逸"。

作为西蜀翰林图画院地位最高的画家，黄筌以他对宫中珍禽的精致描绘所创造的"富贵"画风，建立了宫廷画院的创作典范。这种典范影响深远，不仅西蜀翰林图画院以此为楷模，入宋以后的很长时间，其影响力依然很大。黄筌所画禽鸟造型准确、赋色浓丽、勾勒精细，几乎不见笔迹，似轻色染成，谓之"写生法"。其《写生珍禽图》中对 24 种鸟、虫、龟精细入微的写生，标志着中国花鸟画已具备高超的写实能力，臻于完美。

徐熙出身于南唐时的江南名族，一生未仕，于宫廷画院之外独树一帜，是花鸟画"没骨法"的创始人。直接以水墨写画，但要求有渍染扩散之感而谓之"没骨"。其《雪竹图》描绘竹林积雪的场景，作品先以淡墨定物象的轮廓和结构，后略施淡彩，有落墨为格的特点。到徐崇嗣，由于受宫廷画院黄派的影响，改变了唐以来细笔填彩的程式，将墨色改为彩色。

五代黄筌《写生珍禽图》

五代徐熙《雪竹图》

⊙ 宋徽宗：开创"宣和体"花鸟画

作为宋代历史上的第八位皇帝，宋徽宗赵佶在书画领域颇有建树，他亲自主持宋代翰林图画院，教授课程，还将绘画列入科举制度与学校制度，将宫廷画院的建设推向高峰。宫廷画院作为一个艺术领域的国家机构，运用艺术而非政治的方式实现着国家的政治、宗教和审美意志。

宋徽宗还组织人力，致力于收集古今名画，把上自三国时期的曹弗兴，下至宋初黄居寀的作品，共计 100 帙，列为 14 门，总数达 1500 卷，辑成《宣和睿览集》。宋代笔记《铁围山丛谈》的作者蔡绦说，徽宗即位后，着意访求天下书法绘画珍品，自崇宁初年命宋乔年负责御前书画所，后来又以米芾接替他，至崇宁末年，内府所藏已达千件有余。宋徽宗还敕令编撰《宣和书

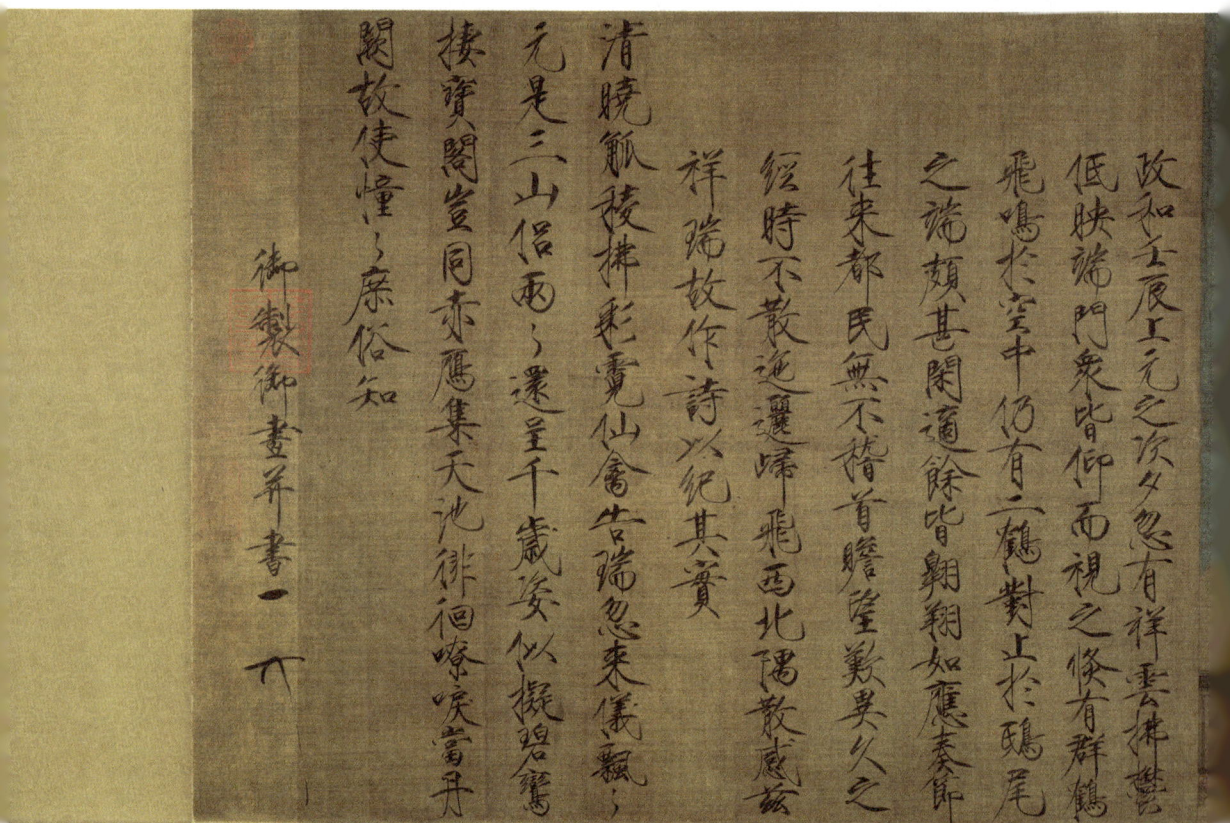

宋徽宗赵佶《瑞鹤图》

谱》《宣和画谱》。仅《宣和画谱》就有 20 卷之多，作品数量达 6300 余件，分为道释、人物、宫室、番族、龙鱼、山水、畜兽、花鸟、墨竹、蔬果 10 门，并分别加以品评。

宋徽宗个人在绘画上的造诣深厚，他积极吸收黄、徐两大画派的花鸟画绘画技法，将工笔和写意完美融合，创立写生求真、工细入微的"宣和体"绘画风格。他的花鸟画基本可以分为两类：一类是凸显精工富丽风格的黄派传统作品，如《瑞鹤图》《芙蓉锦鸡图》；另一类则是以水墨渲染为主的徐派花鸟画传统作品，风格拙朴，如《柳鸦芦雁图》《枇杷山鸟图》《写生珍禽图》。

北宋的绘画艺术，尤其是花鸟画绘画技法，在宋徽宗时期达到鼎盛，高手如云，名家辈出，为后世花鸟画的发展提供了参考和借鉴。

历劫重光的《聊斋图说》：

讲述真实的"罗刹海市"

"打西边来了一个小伙儿他叫马骥，美丰姿、少倜傥，华夏的子弟，只为他人海泛舟搏风打浪，龙游险滩流落恶地……"歌手刀郎的歌曲《罗刹海市》备受关注，也引发了人们对其取材的同名短篇小说的讨论。在中国国家博物馆内，有一份珍贵文物以活灵活现的笔触展现了《罗刹海市》中的画面，它就是成书于清光绪（1875～1908）年间的《聊斋图说》。据原中国历史博物馆文物保管部研究馆员吕长生考证，《聊斋图说》由"红顶商人"徐润组织当时的名家高手绘制而成，其插图取材于被现代文学理论批评家钱杏邨誉为"《聊斋》插图本之最善者"的图文本《详注聊斋志异图咏》。作为融合了题诗、聊斋故事和绘画的一本奇书，《聊斋图说》经历了被列强掠夺终又回归的坎坷之路。

⊙ 倾注半生心血创作

《罗刹海市》为清代小说家蒲松龄（1640～1715）所作，讲述了青年马骥因遭遇海难而经历的奇幻漂流故事，收录于蒲松龄的文言短篇小说集《聊斋志异》。

　　它的故事情节很简单，说是有个商人的儿子马骥，出海营生时遭台风袭击，只身漂流到罗刹国。那里人长相极怪，且以丑为美、以丑选官，人人对长相俊美的马骥避之不及。有一次他把煤灰涂到脸上，扮起张飞舞剑，执戟郎认为这样很美，就让马骥按这样的扮相去觐见皇帝，竟然得到了重用。但每天隐藏真面目，让他苦闷。同时，人们也慢慢开始窃议他的长相是假扮的，马骥遂弃官而去。后来，马骥来到海市，见到了许多奇珍异宝，并受到截然不同的对待。他被龙王招为驸马，并与龙女生有一男一女。后因仙尘相隔，龙女不能来到人间，马骥遂与儿女相依为命。

《聊斋图说》中的《罗刹海市》

蒲松龄眼中的罗刹国和海市，同为异域，但对美丑的认知却截然相反，产生了强烈的对比：一个重外貌，不重文章，而且美丑颠倒；一个环境优美，政治清明。后者无疑是他的理想寄托，但这样的国度在当时无法实现，所以作者不禁发出"当于蜃楼海市中求之耳"的哀叹。

蒲松龄的一生郁郁不得志。他19岁应童子试，县、府、院都考了第一名，随后却屡试不中。直到康熙五十一年（1712）初冬，已71岁高龄的他，仍冒着严寒，到山东青州府去考贡，最终获得"岁贡生"的功名。科举的无望，仕途的渺茫，又加之他近四十年作为塾师寄人篱下的生涯之苦，终使他在72岁时放弃科举考试，辞去塾师之职，回到淄川老家，三年后去世。

蒲松龄画像

作为蒲松龄倾注半生心血创作的志怪传奇小说集，《聊斋志异》共计近五百篇故事，包含狐鬼花妖、奇闻轶事、讽喻世情、劝善教化等题材。因其奇特的构思、曲折的情节和丰富的想象被译成多种文字，在海内外广为传播。

位于山东淄博的蒲松龄故居

《聊斋志异》体现出蒲松龄对世风的揭露与讽刺。它所呈现的反思意识和批判精神，以及彰显的价值观，汇聚成中华优秀传统文化的一部分，为建设中华民族现代文明提供了丰厚的文化资源。

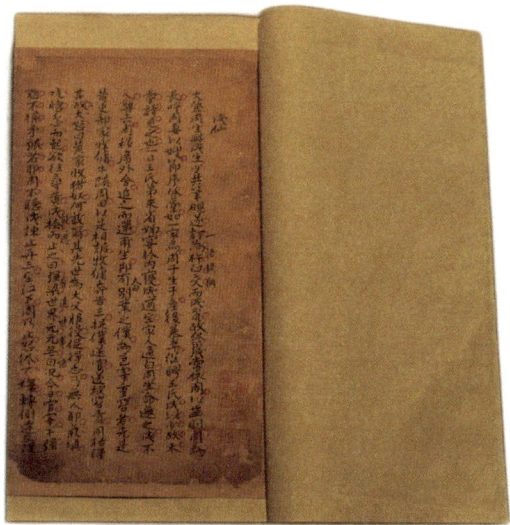

《聊斋志异》手稿

⊙ 失而复得的《聊斋图说》

《聊斋图说》原本共计四十八册，现存世四十六册。每册为折叠式装裱，上下木夹板，封面、封底均裱以织锦，非常精美。封面题签"聊斋图说"，其下皆以小字楷书每册的编号。

翻开《聊斋图说》的内页，共绘有《聊斋志异》故事篇目420个，绘图725幅。每篇故事的页数多少不等，每一页均为半开绘图、半开文字。

《聊斋图说》内容抓住每一个故事的精彩主题，把其中矛盾最突出、最紧张、最揪心的一刹那描绘了出来。它成功地刻画了许多由花妖鬼狐幻化的少女形象，以《婴宁》《小翠》等最为突出。其图描绘精致，工笔细腻，色彩浓淡得当。不但画出了人物的外表美，人物的心理活动也跃然纸上。其文字内容上半部分是编绘者题诗，下半部分为故事内容的缩写。一首题诗、一个故事、一幅绘画，可谓图文并茂、形象生动，让人对每一篇聊斋故事的主人公和大概内容都能一目了然。

徐润，字润立，号雨之，别号愚斋。1881年，他被清政府委任为兼办开平矿务局会办，先后在上海、天津及河北等地经营房地产。徐氏资本雄厚、声名显赫，光绪八年（1882）与从弟徐宏甫等在上海集资创办了中国近代最早的新式民族出版企业同文书局，后又合办广百宋斋印书局。

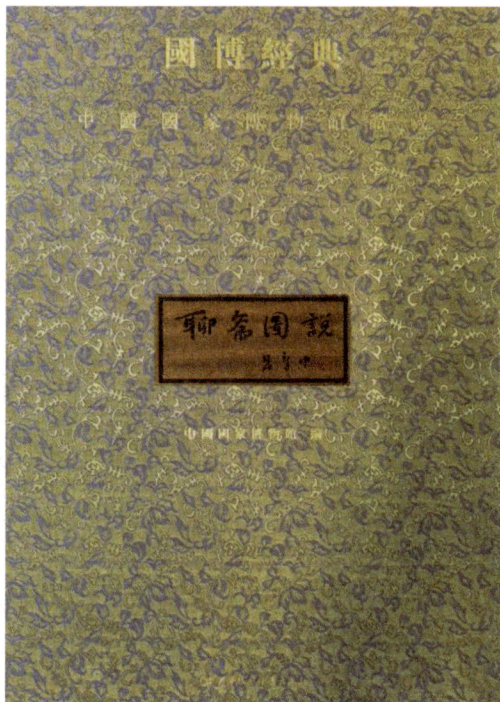

《聊斋图说》限量珍藏版封面

《徐愚斋自叙年谱》光绪十一年条云："广百宋斋经理王哲夫先生，并朱岳生、许幼庄，以钢版、铅版选辑朱批雍正上谕、九朝圣训，绘图三国演义、聊斋、水浒、石头记及缩本《康熙字典》，分售于上海，并托抱芳阁寄销。"这里所说的"绘图聊斋"，即《详注聊斋志异图咏》，由同文书局在光绪十二年（1886）刊行。该书共八册十六卷，为原书431篇故事配了444幅精美绣像。这些图画荟萃当时名手而成，楼阁山水、人物鸟兽，各尽其长。每图俱就篇中最扼要处着笔，嬉笑怒骂，神情毕肖，体现了同文书局追求高品质的出版定位。

《聊斋图说》或原样用《详注聊斋志异图咏》图稿，或以其为基础进一步精练加工，均敷色着彩绘制而成。所以，《详注聊斋志异图咏》之图创作出版的光绪八年至十二年之际，是《聊斋图说》之图开始创作绘制年份的上限。

徐润作为商业家，资本雄厚，又学习西方石印技术，"酷嗜图籍"，有收藏"古董玩器、字画书籍"的爱好。因此，以《详注聊斋志异图咏》之图为底本而成的《聊斋图说》的总策划者就是这位徐润，也合情合理。清末之际，作为全国出版中心的上海，"书店如雨后春笋"，徐润的同文书局有幸受命"内廷传办"石印百部《图书集成》，可见其与内廷关系非同一般。

缘于此，关于绘制《聊斋图说》四十八册本的缘由，在无文字佐证的情况下，吕长生推测：一是呈送清朝某位官员的；二是进呈清代内廷的；三是为慈禧太后祝寿的献礼。《聊斋图说》绘成的次年，即光绪二十一年，正值慈禧六十整寿。

《聊斋图说》中《画皮》的内容

进入 20 世纪，家国动荡、风雨飘摇，这套珍贵画册也命途多舛。1900 年，八国联军侵华，京、津陷落之际，《聊斋图说》被沙俄掠走。直到 1958 年 4

月 19 日，苏联对外文化联络委员会才将《聊斋图说》手本（46 册）和木刻选集《刘知远诸宫调》手本（42 页）归还中国驻苏联大使馆，并以附件形式详细记述两件文物的数量、完残情况。

1958 年 7 月，中央人民政府文化部把上述两件文物拨交北京图书馆收藏。同年，《文物参考资料》第 7 期赵万里《崇高的友谊——记苏联政府赠送的刘知远诸宫调和聊斋图说》一文，记述其事。1959 年，经有关部门批准，两件文物全部拨交中国历史博物馆收藏。

⊙ "让文物活起来"

我国是文物大国，截至 2023 年，拥有不可移动文物 76 万余处、馆藏文物超过 1 亿件（套），文物数量大、种类多。作为民族智慧的结晶、人类文明的瑰宝，文物是我国悠久历史文化的见证和重要载体，是维系中华民族团结统一的重要精神纽带，是不可再生、不可替代的宝贵资源。

如何做好文物的整理保护工作，加强文物的研究阐释，并提高文物展示的传播水平，"让文物活起来"，是文物保护工作者们从未放弃思考和追寻的事情。

文物的保管、养护、修复、复制，是中国国家博物馆的基础工程。国博文保工作有着半个多世纪的积累。1950 年，国立革命博物馆筹备处（中国革命博物馆前身，2003 年，中国历史博物馆和中国革命博物馆合并组建成为中国国家博物馆）成立不久即组建革命文物复制机构，开革命文物复制先河。1952 年，北京历史博物馆建立文物修整室，奠定了国博文物保护修复工作的基础。20 世纪 60 年代初期，自然科学开始应用于馆藏文物的保护修复，中国历史博物馆和中国革命博物馆（国博前身）成立文物保护实验室，后来组建文物科技保护部。2018 年，国博在原文物科技保护部与艺术品鉴定中心科技检测室的基础上组建国博文物保护院，使文物保护工作进入全新的时代。

经过一代代文保人的努力，143 万件文物，在这所国家级"文物医院"

中国国家博物馆文物保护院修复师正在修复罗汉拓片

获得全方位"健康服务"，《聊斋图说》也在其中。修复后《聊斋图说》曾于 2011 年在国博展出，共计 40 幅画面，后人幸可一睹其真容。

近年来，博物馆依托新兴科技，完善文物保护修复管理系统建设，推进智能辅助修复走向成熟，让文物被感知，会说话，逐步实现文物保护智能化。比如，上海博物馆文物保护科技中心利用人工智能技术修复出土的绿松石牌饰，国博开展文物三维数字化项目，拓宽文物复制的途径和方法。利用 X 射线探伤、拉曼光谱仪、紫外诱导可见发光成像等修复清代圆明园同乐园建筑群样式雷烫样……在科技手段加持下，"文物保护神"们各显神通，让古老工艺不再蒙尘，焕发新生。

无论是文物保护工作者们孜孜不倦的探索，还是《罗刹海市》《中国奇谭》《只此青绿》等形式新颖的文艺作品的"出圈"，抑或是"飞越《清明上河图》"等传统文化主题沉浸式体验和数字技术赋能"云游博物馆"的爆火，都表明传统文化正以新技术、新手段、新形式融入人民群众的生活，才能更好地发挥作用。

　　传统文化是一座丰富的矿藏，它具有跨越古今、凝聚共识的精神内核，其丰富内涵和深刻思想始终可以挖掘，关键在于如何挖掘。中华优秀传统文化创造性转化、创新性发展，绝不是要一味地"送餐式""填鸭式"灌输，而是要充分汲取中华民族文化养分，不断从中华文化宝藏中挖掘与当代文化话语体系、新时代价值精神相适应的题材资源，最大程度地激发情感共鸣与价值认同。

　　《只此青绿》共情于普通匠人，《中国奇谭》凝聚着东方哲学，《罗刹海市》予人以美好憧憬……一场场传统与现代的"双向奔赴"，正是中华优秀传统文化无穷魅力的印证。只要给予契合时代的新的理解、赋予新的意味，就能让它散发出源源不断的活力。与时代相结合、回应时代，与人民群众建立情感连接并引发共鸣，这或许就是《罗刹海市》深入人心的秘诀所在。

鹳鱼石斧图彩绘陶缸：

远古时代的英雄赞歌

以 1921 年河南省渑池县仰韶村遗址考古发掘并命名中国第一支考古学文化——仰韶文化为开端，我国现代考古学已走过百余年历程。彩陶，是仰韶文化的一个标志。新石器时代的先民抟土作陶，绘制图案，再以 800～1000℃的高温烧成。中华文明在火与土的淬炼中迸发出耀眼光芒，那一抹彩色也被时光定格为永恒的记忆。

⊙ 精美彩绘，为他破例

在河南省伊川县，有一种典型的仰韶文化瓮棺葬具，因发现得较早且数量较多，故习惯性称之为"伊川缸"。伊川缸形制一般为直筒形缸，其造型简单，朴素无彩，底部有圆形穿孔，口外有鹰嘴形泥突，配有半球形缸盖，多用作成年人瓮棺二次葬*的葬具。然而，随着 1978 年河南省汝州市阎村

---

*二次葬：将死者尸骨进行两次或两次以上埋葬的原始社会葬俗。

河南汝州阎村出土的新石器时代鹳鱼石斧图彩绘陶缸

一个体形硕大、外壁有着精美彩绘图案的伊川缸的出土，这一常规认知被打破。这件伊川缸也幸运地拥有了自己的名字：鹳鱼石斧图彩绘陶缸。

鹳鱼石斧图彩绘陶缸的外表呈红色，作直壁平底圆筒状，高 47 厘米，口径 32.7 厘米，底径 20.1 厘米。画面左侧绘有一只站立的白鹳，喙衔一条鱼；画面右侧竖立一柄石斧，斧身穿孔、柄部有编织物缠绕并刻划符号等。它的主人是谁？为何在死后能够得到这样的特别对待？缸上所绘鹳鸟、鱼和石斧又有着怎样的特殊含义？考古学家经过考证，给出了答案。

鹳鱼石斧图彩绘陶缸属于新石器时代仰韶文化庙底沟类型（公元前 4000～前 3300）器物。一般认为，在原始部落联盟时期，鹳鸟和鱼分别代表了以鸟为图腾的部落联盟和以鱼为图腾的部落联盟。从伊川缸出土地点的分布来看，呈现环嵩山分布的规律，阎村遗址正位于此区域中心，很有可能是这个联盟的中心部落所在，推测鹳鱼石斧图彩绘陶缸的主人应为鹳鸟部落的首领。这位首领身先士卒，带领鸟部落联盟与鱼部落联盟殊死搏斗，取得了决定性胜利，战功卓著。鸟部落联盟的人民感念首领的伟大功绩，为他破例，将首领生前的英勇战功以绘画的形式绘制在盛装其骸骨的瓮棺上，以此纪念他的英雄业绩。

◉ 鹳鱼石斧图：笔画勾描尽哀思

如何才能展现这位首领的英勇神武呢？聪明的画师将鹳鸟的形象人格化，和首领的形象合二为一。在画面中，鹳鸟体形硕大，占据画幅面积之最。其双足微微后倾，尖喙衔着一条大鱼，展现了首领身材魁梧，拥有千钧之力，应对敌人举重若轻、手到擒来的场面。

画师用对比和渲染的手法，尽最大可能描绘心目中的英雄和其手下败将的差别。眼睛是心灵的"窗户"，画师将鹳鸟的眼睛画得如铜铃一般，炯炯有神。而鹳鸟口中的鱼儿眼睛就随意一点，毫无生气，面如死灰、放弃挣扎的无奈和颓败之感跃然缸上。

鹳鱼石斧图线描图

仅仅这样，还不能表达鹳鸟部落对首领的崇敬和怀念。画师采用强烈的色彩对比，将鹳鸟身体涂抹成白色，犹如后代中国画的"没骨"画法，也类似今日人们化妆时所用的高光，目的都是为了更加立体地展现鹳鸟的形象。对手下败将的鱼儿则使用黑色线条勾勒外形，再用白色填充内里。白与黑的对比使得鱼儿的形象在视觉上产生强烈的收缩感。画中用到"没骨""勾线""填色"等中国画的一些基本画法，使得学者将它看作中国画的雏形。

即便这样，画师认为图案还离人们心中那个有血有肉的英雄形象太远。因此，画师为首领绘制了一柄威风凛凛的石斧。在他们的记忆中，首领也许曾高举那象征身份的大石斧，冲锋在前。

⊙ 交汇融合之滥觞：鱼与鸟的交锋

仰韶文化并不是在孤立的状态下独立发展，而是在与相邻近的各种原始文化发生多种联系和相互作用的情况下向前发展的。这一时期，各部族和部族文化间的多元流动与交汇伴随着一系列大大小小的部落战争而实现，鱼与鸟的交锋也历经了多个回合。

在稍早的仰韶文化半坡类型中，鱼纹是最常见的标志性图案。最初的鱼纹写实性较强，后来逐渐演变为一种符号形纹饰。陕西武功游凤遗址出土的彩陶壶上，绘有一条头部巨大的大鱼，正张开大口，吞食着一只粗颈短喙的小鸟。鸟儿的头部已落入鱼口，身体露在外面，无力挣扎。这一回合，鱼占上风。

在陕西宝鸡北首领遗址出土的鱼鸟纹彩陶壶上，一只水鸟衔住一条大鱼的尾巴，鱼鸟首尾环绕一周，鱼儿在奋力挣扎，交锋进入白热化。这一回合，胜负未分，一切仍有转机。

进入庙底沟类型，鹳鱼石斧图彩绘陶缸上的图案明确昭示着在这场鱼鸟交锋中，鸟占了上风。但鱼与鸟的牵绊，并未止步于此。

也许经历多次交锋的鱼部落联盟和鸟部落联盟意识到：最强的智，是众智；最大的力，是合力。在陕西临潼姜寨遗址二期发现的葫芦瓶上，鱼与鸟和谐地统一于同一画面。在那里，鱼部落联盟与鸟部落联盟和谐共生，风雨同舟，荣辱与共。

陕西西安半坡遗址出土的新石器时代人面鱼纹彩陶盆

陕西临潼姜寨遗址出土的人面鱼纹彩陶瓶

铜红釉瓷器：

中国陶瓷史上的一抹中国红

在中国国家博物馆陶瓷馆展厅里，陈列着一件看似普通却极为特殊的瓷器。器物遍体通红，丝丝黑斑顺势而下，几百年的光景似乎没有在它身上留下太多印记。在周围五彩和青花瓷器的映衬下，它像一个内敛的智者般展现着中国人特有的哲思。

颜色本身只是一种物理现象，光经过反射或折射投射在视网膜上，人们便看到了颜色，起初这并不具有任何意义。然而，随着人类文明的发展，颜色被赋予丰富的内涵。比如黄色代表光荣、温暖，绿色代表健康、生机勃勃，紫色代表神秘、高贵，粉色代表温馨、可爱等。红色作为最艳丽的色彩，千百年来和中华民族紧密相连，大到国旗，小到学生的红领巾，装点着我们生活的每一个角落。

在中国古代陶瓷作品中，红釉自成一派，分高温釉下铜红釉和低温釉上铁红釉，均属单色釉系。"没有人能随随便便成功"，这一抹红色的背后，有着一段特殊的身世。

⊙ 惊"红"一瞥

繁荣昌盛的大唐是一个开放包容且极富创造性的朝代，此时陶瓷工艺中的"南青北白"（浙江的越窑青瓷、河北的邢窑白瓷）达到顶峰，各种色釉也初见端倪。唐三彩无疑是集大成者，蓝、白、黄、绿，如同调色盘般五颜六色。湖南长沙石渚（今长沙市望城区丁字镇）一带，名不见经传的长沙窑创造性地使用铜作为着色剂，史无前例地烧制出釉下铜红釉瓷器。虽然颜色不很均匀，质地也略显粗糙，但毕竟是人类又一次突破技术上的壁垒，是陶瓷史上的迭代，是大唐落幕、繁华散尽后留给后人最浓重的一笔。

宋金时期，铜红釉品种不多，最有名的便是钧窑（位于今河南省禹州市）。"入窑一色，出窑万彩"的梦

唐代长沙窑铜红釉执壶

幻令人心驰神往，但在当时却是一款非主流产品。这种红色，实际上是一种窑变。历史上有过窑工将红色窑变釉器当作妖邪之物而砸烂的记载："饶州景德镇，陶器所自出，于大观间窑变，色红如朱砂，谓荧惑躔度，临照而然。物反常为妖，窑户亟碎之。"一个"亟"字，多少反映出宋人对红釉的态度。

⊙ 永宣巅峰

非主流的红釉到了元代才算真正登上历史舞台，这得益于景德镇独一无二的瓷土和得天独厚的地理位置。故宫博物院藏有一件元代釉里红兔纹玉壶

元代釉里红转把杯

元代釉里红花卉纹玉壶春瓶

春瓶，釉里红烧得眉飞色舞。铜元素经过高温还原后极不稳定，那时的窑工还不太能完全掌握铜红釉的烧造技术，虽然比前朝有所突破，但和后代比起来又稚拙太多。故宫博物院藏的一件元代釉里红转把杯，整体造型属元代典型，但铜红斑块垂流感依然比较强，和前一件玉壶春瓶上铜红的表现一致。虽然珍贵，但又一次印证了元代铜红釉技术烧造的不完美。

到了明代，"重红"文化慢慢发展起来。红色成为当时非常重要的颜色之一。明代"舆服制度"中的红色元素极为明显。比如帝王的常服就使用了红色，明代高级官员的官服也从唐代的紫色变为红色。

经过洪武（1368～1398）年间短暂的过渡，来到了永乐（1403～1424）年间——历史上烧造铜红釉最好的时代。永乐红釉无论从发色、修胎、修足，再到整体器形的把控，都属一流。稍后的宣德红釉和永乐年间的极像，想要区分很多没有款识的铜红釉瓷器是永乐还是宣德（1426～1435）年间的，极为困难。但纵观整体，宣德红釉还是要比永乐红釉稍逊一筹，红的发色不如永乐的艳丽。但无论是永乐红釉还是宣德红釉，若要烧成"朱砂非所拟"般的铜红，都是极为困难的。

在景德镇，流传着这样一个传说。在明宣宗宣德年间，有一天，明宣宗朱瞻基

明永乐鲜红釉盘

身穿一身红袍偶然间从一件白瓷旁经过，突然发现白瓷被染成了红色，鲜艳异常，于是下旨命御窑厂烧出这种红色瓷器。然而，由于铜红的呈色极不稳定，稍有变异便不能达到预期的效果，要得到比较纯正的红釉十分不易，有时一窑甚至几窑才能烧出一件符合标准的产品。正当窑工们屡烧不成，眼看限期将到，就要大祸临头时，一位窑工的女儿得到神仙托梦，要她投身熊熊燃烧的窑火之中，以血染之便可成功。梦醒后，她乘人不备，投身窑炉，只见一团炽烈的白烟腾空而起，满窑瓷器皆成红色。这个传说虽极富玄幻色彩，但如此逼真而悲壮的故事，充分说明红釉烧之不易，后人为纪念这位烈女，将这种红釉瓷器称为"祭红"。

过去很多人认为永宣红釉巅峰一过，铜红釉便急转直下，事实并非完全如此。明代成化（1465～1487）年间的铜红釉也是可圈可点，其中的佼佼者一点不比永宣红釉差，可惜数量不多，容易被人忽视。到了正德（1506～1521）年间，御器厂时断时续，非常不利于制瓷工艺的传承。虽然正德早、中期还能勉强烧出颜色晦暗的铜红釉，但无论质量还是数量，都已大不如前。

明宣德鲜红釉盘

明成化鲜红釉盘

至嘉靖（1522～1566）年间，铜红釉的烧造已经非常困难。故宫博物院藏有一件釉里红蟠螭纹蒜头瓶，螭龙上斑驳地飘洒着类似红豆沙一般浅薄的铜红釉。据《大明会典》记载："嘉靖二年，令江西烧造瓷器，内鲜红改作深矾红。"可见，进入嘉靖朝的第二年，铜红釉的烧造便开始用矾红代替。矾红是一种低温釉上铁红釉，烧造相对简单，只需将矾红料画于瓷上进炉烘烤即可，成品率也大幅提升。嘉靖之后的几朝，随着国力的衰败，铜红釉没能再次崛起，和大明一起被淹没在历史的长河中。

⊙ 再度崛起

清康熙（1662～1722）年间，铜红釉再度崛起。这时的国家刚刚改朝换代，百废待兴，各行各业都孕育着巨大的能量，制瓷业也不例外。康熙中期采取了一系列恢复

明嘉靖白釉塑贴红蟠螭纹蒜头瓶

和发展经济的措施，其中就包括由朝廷指派督陶官直接管理景德镇御窑厂窑物。景德镇瓷业的蓬勃发展与此密不可分，一旦时机成熟，各个品种的陶瓷如雨后春笋般应运而生。珐琅彩、粉彩都是康熙年间首创，与此同时，康熙还全面恢复了红釉的烧造。最为著名的是康熙中后期，郎廷极任御窑厂督陶官的时候，为了追慕永乐、宣德（1403～1435）年间的铜红釉，创烧郎窑红。尽管有些郎窑红烧得与永宣红釉非常相似，但因朝代更迭、原料枯竭等原因，不可能完全复刻，总会留有时代的烙印，这也给后人的鉴别提供了依据。

康熙朝过后，以粉彩为主要装饰手法的粉彩瓷日渐昌盛，占据陶瓷的半壁江山，相比之下，其他色釉瓷则显得有些暗淡无光。其实，雍正皇帝曾令督陶官唐英创烧一种叫作"仿钧窑变釉"的新品种瓷器，也是以高温釉下铜红做着色剂，初心是为了仿宋代钧瓷。唐英仿中有创，将斑斓的色彩混合在暗红的釉色中倾泻而下，如瀑布般绚丽。

只可惜，这般绚丽也没能维持太久。乾隆朝一过，随着清王朝的衰落，铜红釉再也没有什么创新发展，就连维持之前的品质都很困难。清晚期的红釉颜色往往偏

清康熙郎窑撇口瓶

清乾隆窑变釉铺手耳尊

橘色，釉层也没有"清三代"（康熙、雍正、乾隆）的厚实，但清代红釉一直没有断烧，艰难地维持到民国时期。中华人民共和国成立后，景德镇一直为中国保存着这一抹中国红。

成化斗彩鸡缸杯：

“有史以来最贵的一群鸡”

◉ 鸡缸杯的故事

关于鸡缸杯，有一个颇带温情的传说。

明正统十四年（1449），明英宗朱祁镇亲征瓦剌，反在土木堡（位于今河北省怀来县）被俘虏（史称“土木之变”）。英宗之弟朱祁钰在于谦等支持下，打退瓦剌进攻，即位为帝。明英宗的儿子、年仅 4 岁的朱见深被朱祁钰废了太子之位，并逐出紫禁城，身边只带了个随身丫鬟。7 年后，明英宗夺回皇位，朱见深才恢复太子地位。朱见深 17 岁继位，是为明宪宗（又称成化帝）。他的随身丫鬟因为在他最需要安全感和温暖的时候对他照顾有加，因此被封为贵妃——就是比朱见深大 17 岁的万贵妃（小字贞儿）。

成化二年（1466），万贵妃所生的皇子染病离世，万贵妃整日郁郁寡欢。一日午后，朱见深在宫中翻阅到一幅宋代佚名画作，画中一只母鸡带着五只小鸡在觅食，一家子其乐融融，让他顿感一阵暖意，想到了自己的爱妃。他知晓万贵妃喜爱珍玩之物，又见陶瓷上流行的斗彩烧得精绝，就想着何不试试将此画移到瓷器上。他当即命人设计样稿，发往景德镇御窑厂，以斗彩技艺烧造小杯。

约莫数月，朱见深私人定制的斗彩小杯烧制完成。画面一派田园风光，轻松有趣。彩料是当时最好的，用得极为淡雅，胎质雪白细腻，釉面滑润，杯壁薄得可透出影子。杯子在设计上省去圈足这一破坏画面整体感的存在，改为烧制难度更大的卧足，盈盈一握，甚为趁手——这便是日后大名鼎鼎的"斗彩鸡缸杯"。

2014年4月8日，苏富比拍卖行上拍一件"明成化斗彩鸡缸杯"，经过激烈角逐，最终由上海收藏家刘益谦以2.8亿人民币竞得，这绝对是"有史以来最贵的一群鸡"。

宋代佚名画作《子母鸡图》

⊙ 各个时期的斗彩

斗彩在明成化朝大放异彩绝非偶然。斗彩工艺是先在素坯上用青花勾勒好所绘图案的轮廓线，罩上透明釉，高温第一次烧成一件青花器；然后再在青花勾勒的轮廓线内用彩料填涂，构成一幅完整的画面，二次入彩炉烘焙成一件斗彩瓷器。

清乾隆（1736～1796）年间，有位叫张九钺的人酷爱陶瓷，做官被贬后游历四方，著有一本《南窑笔记》。其中写道："成、正、嘉、万俱有斗彩、五彩、填彩三种。关于坯上用青料画花鸟半体，复入彩料，凑其全体，名曰斗彩；

填彩者，青料双勾花鸟、人物之类于坯胎，成后复入彩炉填入五色，名曰填彩；

其五彩则素瓷纯用彩料填出者是也。"此段文字中的填彩，就是今天所说的斗彩，而书中的"斗彩"应该是"青花五彩"。虽然称呼有些错位，但《南窑笔记》依然是首次提出斗彩叫法的著作，极具参考价值。

为何斗彩之名出现得如此之晚？究其原因，是各个年代叫法不同所致。

明代把斗彩统称为"五

明宣德青花五彩高足碗

彩"或"青花间装五色"。西藏自治区日喀则市萨迦寺藏有一件明宣德（1426～1435）时期的青花五彩高足碗，应是当时赏赐之物。碗上大部分纹样用青花和五彩的形式表现，仅莲荷鸳鸯中的鸳鸯翅膀部位用青花勾勒轮廓线，后用黄彩渲染。虽然面积很小，但已是斗彩技艺，算是斗彩的滥觞。

接下来的明正统、景泰、天顺（1436～1464）时期，还没有明确属这三朝款识的瓷器出现，但陶瓷烧造从未停止，也有许多上乘佳作流传于世。考古工作者在景德镇御窑厂空白期地层曾挖掘到很多斗彩残片以及残器，还有一些只画了青花而没有上彩的"半成品"。此时"斗"的面积已逐渐扩大，成为一个单独的品种而被重视，属于斗彩的"发展期"。

由于皇帝的喜爱，斗彩在明成化朝备受推崇，达到登峰造极的地步，使其迅速迎来"成熟期"。当时朝廷大力烧造的斗彩品种不仅有"鸡缸杯"，还有"高士杯""葡萄纹杯""三秋杯"等，皆为名品。此时的斗彩用料最为讲究，使用江西乐平的平等青料，矾红厚实油亮，绿彩晶莹清澈，体现出"明看成化"的雅韵。明朝中晚期，陶瓷开始变换风格，粗细不一——粗瓷供平民百姓使用，细瓷供上层名流雅玩。斗彩作为彩瓷的一种，在这个时候没能

明成化斗彩鸡缸杯

1. 明斗彩高士杯
2. 明斗彩三秋杯
3. 明斗彩葡萄纹高足杯

延续成化时的淡雅清新，而是随了五彩的大红大绿。故宫博物院藏的一件明嘉靖（1522～1566）时期的斗彩小碟，用色鲜艳大胆，只有斗彩的形，却是五彩的神。

入清以后，文化环境发生巨变。康熙二十二年（1683），台湾统一于清朝中央政府的管辖之下后，清朝的江山算是坐稳了，随之而来的便是一阵复古仿古之风。此时景德镇御窑厂郎窑仿的"鸡缸杯"属史上最接近"成化鸡缸杯"的佳作。在故宫博物院，藏有一只长期被认定为成化时期的"鸡缸杯"，直到2016年，经过故宫博物院的专家吕成龙仔细论证，才最终将其确定为"康熙朝仿成化鸡缸杯"，足见康熙朝仿古之惟妙惟肖。

雍正朝虽然只有13年，但雍正皇帝品味高深，雅好古物，故仿古之风极盛。此时的鸡缸杯更注重取其意，而非一笔一画的复刻。画面虽然还是原样，但鸡的画法已有雍正朝风格。

清康熙斗彩鸡缸杯

清雍正斗彩鸡缸杯

清乾隆斗彩鸡缸杯

到了乾隆时期，乾隆帝好大喜功，要求御窑厂烧制仿生瓷。不仅如此，他还命人烧制将15种釉彩融汇一体的"各种釉彩大瓶"，技术上已无与伦比。然而做巧容易仿拙难，乾隆朝烧制的鸡缸杯已不见成化时的古拙之感，只能算是"成化鸡缸杯"的变体。

乾隆之后，大清国力整体呈衰败趋势。虽然以鸡为纹饰主题的瓷器生产从未停止，但已和"成化鸡缸杯"没有什么关系，只是一种单纯的吉祥图案，讨个好彩头。

清乾隆"各种釉彩大瓶"

⊙ 鸡与中国人的生活

鸡在中国人的精神生活和物质需求中都占据相当重要的地位。西汉韩婴在《韩诗外传》里认为鸡有五德："头戴冠者，文也；足傅距者，武也；敌在前敢斗者，勇也；见食相呼者，仁也；守夜不失时者，信也。"很少有人知道，除了五德之外，鸡还有四德，即觅食寻虫无闲者，勤也；一颗一粒拣之者，俭也；吞糠咽草，不图厚酬自求半饱者，廉也；雌则生蛋孵雏者，献也。因此，鸡也被称为德禽。不仅如此，鸡还是十二生肖中唯一的飞禽。

回到现实世界，鸡和人类共处的时间可谓久远——新石器时代，鸡已经来到人们身边。在云南元谋大墩子、河北武安磁山、山东大汶口以及陕西西安半坡等遗址中，都发现了新石器时代的鸡骨。可以说，鸡陪伴人类已达七八千年之久。考古人员也发现许多石器时代动物造型的陶塑，其中就有陶鸡。直至今日，鸡仍然寄托着人们对美好生活的向往。

青花瓷：

留下"青白"在人间

⊙ **偷学技艺**

　　忙了一天的法国传道士殷宏绪回到自己的住处，简单用过晚饭后，便开始奋笔疾书，这是他真正的任务。白天，殷宏绪传播《圣经》；晚上，他听从"法国耶稣会"的指令，将利用工作之便搜集到的资料仔细记录下来，并分别于1712年和1722年寄回法国。第一份资料于1716年发表在法国《科学》杂志上，内容震惊了整个欧洲，第二份资料则是第一份资料的补充。资料中言："我在景德镇培养教徒的同时，有机会研究瓷器的制作方法。制瓷原料是

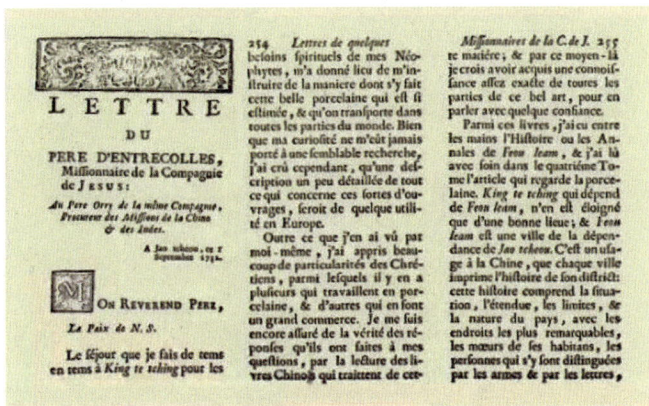

1735年重新出版的殷宏绪信件部分内容

明嘉靖青花云龙纹「寿」字盖罐

由叫作'白不子'和'高岭'的两种土合成的……精瓷之所以密实，完全是因为含有高岭土。高岭土可比作瓷器的神经。"正是这两份资料的公布，让欧洲彻底揭下中国千年制瓷技术的神秘面纱。特别是青花瓷制作的配方，更是让当时的欧洲欣喜若狂。

"殷宏绪事件"的发生并非偶然，这和欧洲人对中国陶瓷垂涎已久有直接关系。在此之前，欧洲无法制作出硬质瓷器，只能用外观相似但质地为陶的器皿代替。收藏和展示瓷器，是 17 ~ 18 世纪欧洲上层社会奢华生活的重要形式之一。这种质地坚硬、带有浓郁中国特色的器物让欧洲乃至全世界无比着迷，甚至出现波兰国王奥古斯特二世用 600 名龙骑兵换 151 件大型青花瓷的事件。

明万历青花婴戏图圆盒

荷兰代尔夫特蓝陶

⊙ 何为青花

陶瓷作为出口贸易的重要物资，最早可追溯到唐代。当时出口的陶瓷主要是浙江的越窑、湖南的长沙窑以及河南的巩义窑。而元、明、清贸易出口瓷中，最为大宗的产品就是青花瓷。1785年，仅一艘东印度公司的货船就可将5万件青花瓷运回欧洲销售，船未到港之前，青花瓷已被各路买办预订，可见其令当时的西方世界沉醉的程度。

青花，青为用料，花为纹样，将钴颜料绘于素坯之上，罩透明釉高温一次烧成即为青花瓷，属于釉下彩瓷，最早可以追溯到唐代。1998年，著名的"黑石号"沉船（沉没于东南亚海域的一艘唐代沉船）出水了3件完整的唐代巩义窑瓷盘。经科学检测，这3件瓷盘的用料及制作工艺和后来人们熟悉的青花瓷基本一致，可以算是青花瓷的滥觞。可惜盛世大唐的器物实在太过琳琅满目，青花瓷并非一枝独秀，而是成为"沉默的大多数"。

元代青花飞凤麒麟纹盘

宋代受道教影响，青色占据了陶瓷器物的主流，著名的五大名窑中，青瓷占了4个，八大窑系也都以单一釉色为主，青花不在大宋皇帝的审美之列，所以宋代未见有青花瓷出现。

到了元代，青花瓷才算是真正登上历史舞台。元军世代征战于马背之上，对蓝天白云有种天然的亲切感，青花的"青"正好对应蓝天，"白色的底釉"正好对应白云，所谓"耀白了心底，染青了流年"，经典的配色很难让人不爱。此时的青花瓷早已摆脱唐代的稚拙，出道即巅峰，景德镇窑烧制的青花瓷以出色的白釉为纸，以湛蓝的进口钴颜料为墨，将元朝人的率真挥洒于天地之间，似是一幅幅水墨画。

⊙ 青料各异

元代以后，青花瓷的烧造便不再间断，虽绵延不绝，但各时期用的青料却也不尽相同。每个时期特点各异，可分3次大的变革，分别为明早期过渡到明中期，明中期过渡到明晚期，明晚期过渡到清代；有6种青料，即苏麻离青料、平等青料、回青料、浙料、石子青料及珠明料。

苏麻离青料　主要用在元代和明初，明成化中期后消失殆尽。作为一种进口青料，其与海外贸易有着密切联系。元朝人擅长贸易也注重贸易，当江山坐稳后，很快就建立"市舶司"，与各国通商。当时与元朝贸易最为频繁的地区之一是阿拉伯，苏麻离青料也是这个时候从阿拉伯引进的。土耳其的托普卡帕宫博物馆收藏有40件元青花瓷器，是世界上收藏元青花瓷器最多的博物馆。这些元青花瓷器大多为体形硕大的大盘，是当时阿拉伯人的餐具，属于来样订制的一批"定烧器"。有些瓷器上甚至还有阿拉伯文字。经过笔画的比对，学者们认为当时不仅用的青料由阿拉伯进口，甚至很可能有阿拉伯工匠来到景德镇，直接参与瓷器的制作。

明初永乐、宣德（1403～1435）年间，国力强盛，郑和七下西洋，将苏麻离青料源源不断带回国内。此时的景德镇瓷胎，釉烧得更加成熟，青料研磨得也更加细腻，烧出的器物整体感觉比元代要精致很多。值得一提的是，

1 | 2 / 3
1. 明永乐青花竹石芭蕉纹梅瓶
2. 明成化青花麒麟纹盘
3. 明宣德青花蓝查体梵文出戟法轮盖罐

虽然元代和明初都用的是苏麻离青料，但明初的苏麻离青料含铁量要比元代高出 40% 左右，烧出的器物"铁锈斑"也比元代重得多。

平等青料　出自江西乐平，又叫陂塘青，明成化、弘治、正德中期以前皆用，正德晚期停用。成化朝将其发挥到极致。当成化早期着色沉稳、发色艳丽的苏麻离青料渐渐被消耗殆尽后，青花瓷用料上的第一次改革便正式拉开帷幕。清淡柔和的平等青料取代了苏麻离青料，成为当时的主流，深受成化帝朱见深喜爱。成化朝的瓷器主打柔雅，勾勒渲染技法的运用让纹饰看起来更加精致细腻，用平等青料渲染过的画面似棉絮一般层层叠叠，当真是"雾里看花"。

回青料　当明正德晚期平等青料也无处寻觅的时候，浓墨重彩的回青料便粉墨登场,这是青料的第二次革命。回青料产自西域，明宋应星《天工开物·回青》中说道："回青乃西域大青，美者亦名佛头青。"其特点是发色浓艳，甚至泛紫。回青不能单独使用，必须加入石子青料才能达到想要的效果。《江西省大志》卷七《陶书》曰："回青淳，则色散而不收；石青加多，则色沉而不亮。每两加石青一钱，谓之上青；四六分加，谓之中青。算青者，止记回青数，而不及石青也。中青用以设色，则笔路分明；上青用以混水，则颜色青亮；真青混在坯上，如灰色；然石青多，则色黑。"这一点，明隆庆朝做得最好，发色艳而不糊，不像嘉靖朝的过于浓烈，也不像万历朝的过于灰淡。

浙料　明万历前期用的还是回青料，但已不似嘉靖朝般浓烈，普遍发色偏灰，到了万历二十四年（1596），回青料用竭，青料迎来最后一次革命，浙料开始使用。浙料产自浙江绍兴、金华一带，发色蓝艳深沉、不晕不散，官窑和民窑皆用，只不过官窑青料淘洗得更加精致。

入清以后，浙料一直沿用。雍正帝和乾隆帝极爱仿古，尤其是雍正帝，仿遍各代名釉，尤爱仿永乐、宣德年间的苏麻离青料。但此时已无苏麻离青料可用，无奈之下，只能用浙料反复点染，使其效果类似苏麻离青料的"铁锈斑"。有些器物和永乐瓷、宣德瓷相比，的确可以乱真。雍正、乾隆之后，由于浙料的使用成熟且稳定，一直延续至民国时期。

石子青料　产于江西，始于元代，终于清康熙早期。当时，元代和明初永乐、宣德的苏麻离青料，明中期的平等青料，明晚期的回青料都属于稀少且珍贵的资源。百姓日用瓷大多还只能用俗称"土青"的石子青料，普遍发色灰暗，不甚漂亮。有些条件稍好的人家会使用由石子青料与名贵青料混合而成

清雍正青花桃蝠纹橄榄式瓶

的青料烧制的瓷器。如石子青料混合苏麻离青料，石子青料混合平等青料等。这样会使器物的发色稍有改善，以满足使用者的追求。

清康熙青花山水人物图盖罐及其局部

珠明料　　自明崇祯晚期开始使用，清康熙晚期基本消失。珠明料产自云南、福建、江西等地，煅烧而成，发色极为艳丽，含锰量偏高，层次感很强。珠明料最有代表性的特征就是康熙朝青花的"墨分五色"，用饱含料汁的毛笔一层层滚过瓷胎，再罩透明釉，出窑后如薄纱般的斧劈皴浓淡深浅清晰可见，以一色带万色，最多可分出 9 个层次。

⊙ 独领风骚

中国是最早烧制瓷器的国家之一，千百年来，这些高岭土团成的器物从烟雨如梦的小镇中走来，作为中国的名片，最终登上大雅之堂。如今，江西景德镇以及云南、广东、浙江、湖南、河北、山东等地，依然窑火不断、推陈出新，在探寻仿古技艺的同时，也在不断探索青花瓷更多的表现形式，力求让青花瓷以更加富有活力的姿态展现在世界的舞台上。

耀州窑：
北方青瓷的骄傲

青是陶瓷最早的颜色。

商代的某一天，简陋的窑炉里，一滴窑汗*不偏不倚地滴到"赤身裸体"的陶器上，结果这一窑烧出的器物上，都斑斑驳驳地点撒着一些亮晶晶的物质。聪明的古人受到启发，经过反复实验，配置出最早的釉。虽然这种原始釉简单到只需在原有的陶土中加入植物的灰烬即可，但就是这简单的一小步，却是陶器发展的一大步。

从此，陶有了一身青色的外衣，成为釉陶。这身"衣服"一旦穿上，就再也没有脱下。

⊙ 青瓷的过往

东汉末年，瓷器无论在硬度、吸水率还是烧成温度等方面，都已基本成熟。彼时，白瓷还未诞生，绝大多数瓷器都是青瓷，青瓷里的"大佬"——越窑（位

＊窑汗：窑炉内壁产生的一种玻璃态物质。

于今浙江省宁波市和绍兴市）也在这个时候悄悄登上了历史舞台。

三国两晋南北朝时期，寿州窑、婺州窑、岳州窑、洪州窑相继崛起，青瓷烧得更加纯净，实用功能和装饰功能也结合得更加完美。尤其到了东晋，人们从单一青色的釉面寻求更多的可能性，探索出一种"点褐斑"的装饰工艺，即在素胎上先点绘铁含量较高的褐色斑点，再罩青釉一次烧成，使纯色的釉面有了变化，更具动感，开创了陶瓷釉下装饰的新篇章。

隋代，由于北方胎土中影响成色的金属元素较少的原因，以河南巩义为代表的窑口首先将胎和釉中的铁含量降到极低，让陶瓷的青色渐渐褪去，白瓷正式亮相。至此，青瓷的地位有了变化。随着白瓷逐渐受到世人喜爱，曾经一统天下的青瓷不得不让出一部分市场份额给白瓷。

到了唐代，由于白瓷的成熟，终于形成"南青北白"的局面。邢窑（位于今河北省邢台市）烧出的带"盈"字和"翰林"款的白瓷"如银类雪"，越窑烧出的顶级的秘色瓷则"类玉类冰"。一青一白，一南一北，势均力敌。此时的耀州窑（位于今陕西省铜川市）还处于初创时期，产品也较为普通，黑釉、白釉、青釉，各种釉色都有。同时，耀州窑还四处学习，主要学习的对象是越窑。

五代时期，天下纷争，有些窑口已经式微，比如邢窑、巩义窑。然而北方青瓷

唐代耀州窑黑釉花卉纹盘

耀州窑恰在此时学成归来，踌躇满志，找准自己的定位，一下子烧出真正意义上的"天青色"。五代时的耀州窑分白胎和黑胎两种，白胎可塑性强，适合进行"胎装饰"，剔刻就是当时耀州窑最为惊绝的技法，有的剔刻纹饰达六七层之多。黑胎由于胎色较深，基本以素器为主，在胎的表面施加一层化妆土（较细的陶土或瓷土），再罩青釉，烧出的瓷器比后世的汝窑（位于今河南省汝州市）更加"雨过天青"。

五代耀州窑剔花狮嘴壶   五代耀州窑青瓷束口碗

入宋以后，迎来窑口大爆发的时期，五大名窑（汝窑、官窑、哥窑、钧窑、定窑）、八大窑系（耀州窑、建窑、龙泉窑、定窑、磁州窑、钧窑、景德镇窑和吉州窑）相继确立，各个窑口如雨后春笋般崭露头角。据考古发掘显示，仅河南省就有1000多个窑口。

宋代道教较为兴盛，道士们的道袍大多也是青色。青色介于蓝、绿色之间，"青，取之于蓝而胜于蓝"。在"五方""五行""五色"中，东方主木属青色，代表生命。青釉在宋代深得统治者和文人士大夫的喜爱，五大名窑中，除定窑（位于今河北省保定市）外，其余四个均属青釉。

宋徽宗时，"雨过天晴云破处"的汝窑被推崇到至高无上的地位。其实，能够反映当时宋代大众生活，在北方使用最广泛的青瓷品种，还要数耀州窑。从五代崭露头角到宋代专攻青釉，耀州窑改进窑炉结构，改变烧造原料，摆脱曾经的青涩，终于烧出自己的"招牌"——橄榄绿。这种青釉釉面玻璃质感极强，不需要放大镜就可以清晰地看见一颗颗气泡仿佛从湖底翻涌而出，捧在手中如同捧着一汪清水。

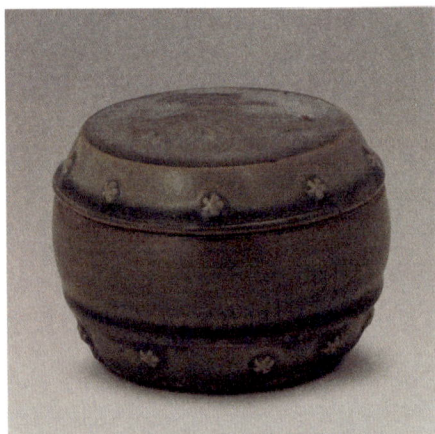

1	2
3	

1. 北宋耀州窑盖盒侧视图
2. 北宋耀州窑盖盒俯视图
3. 北宋耀州窑青釉刻划折枝牡丹纹碗

⊙ 耀州窑中的典范——犀牛望月纹碗

中国国家博物馆藏有一只金代的犀牛望月纹碗，是耀州窑中的典范。这件碗制作得极为周正，只有最熟练的窑工才能拉出如此惊心动魄的弧度。看似简单的造型，制作起来却并不容易，这是因为早期拉坯用的人力辘轳车并不能像工业时代的电力轮车那样转速快且均匀，规整的器形实属少见。

若观者将视线稍稍调高，便会惊喜于这只碗的碗口设计——聪明的窑工用自己的智慧践行着"人体工程学"的理念。碗口的"起鼓"，人们称之为"唇口"，用起来非常贴合嘴唇。实际上，这样的设计在唐代邢窑已有先例，以后各朝很多窑口都烧造过，只不过制作技法略有不同。唐代的唇口是翻折过来，内空心；而这只碗的唇口是修出来的，内实心。

金代耀州窑青釉刻犀牛望月纹碗

越过碗的唇口，豁然开朗，一汪碧翠莹润倾斜而下，颜色过渡极为自然。相比于越窑、汝窑的青，耀州窑的青有一种足以铭心的透。

自三国两晋南北朝时期直到北宋，瓷釉都是石灰釉体系，南宋开始出现石灰碱釉。两者最重要的区别在于石灰釉比较清澈透亮，比如影青釉（釉色介于青、白二色之间）；而石灰碱釉则呈现乳浊状失透感，比如南宋时期的龙泉窑青釉（位于今浙江省龙泉市）。这件金代耀州窑碗依然沿用石灰釉，配制好釉后施于器表，在高温还原气氛下一次烧成。施加这种釉还有一个好处——有利于展示耀州窑独一无二的绝技"半刀泥"。窑工在七成干的胎泥上刀走龙蛇，先用直刀快速把纹样轮廓线刻出，再用斜刀将不需要的部分去除，两刀分别下去，纹样完完整整地呈现在坯体上，这种技法极见功力。现代仿制的刻花耀州窑虽也采用"半刀泥"技法，但现代人将两刀合并为一刀，刻出的效果流畅有余、古拙不足。实际上，"半刀泥"的技法也见于定窑、影青瓷及其他窑口，但因用于制坯的胎土不同，下刀时坯体的干湿度不同，刻出的效果均没有耀州窑犀利深刻。

这只金代耀州窑碗内的"犀牛望月"纹样略微内收，使得纹样和口沿中间有一块留白，是宋末金初的典型特征，菱形开光装饰也流行于金初。关于"犀牛望月"（也称"吴牛喘月"）还有一个有趣的故事：相传晋武帝司马炎有一位叫满奋的臣子，此人满腹经纶、为人谦和。司马炎非常器重他，经常召其入宫议事。然而满奋是个南方人，对北方漫长的寒冬视若猛虎，更畏惧呼啸的北风。一日，司马炎又召他进宫，知道他畏寒，特意命人提前在窗下放好一面琉璃做的屏风。可能是当时琉璃纯度太高，抑或是擦得太干净，琉璃屏风竟像是只有一副空架子。满奋入宫后，司马炎赐座，侍者将座位放在窗下的琉璃屏风前。满奋很是为难，坐吧，怕被风吹；不坐吧，怕司马炎怪罪。司马炎见状哈哈大笑，告知满奋大可放心安坐，琉璃屏风挡风效果很好，不必担心。满奋这才踏实坐下，并自嘲：自己就像吴国的水牛，见到月亮还以为是太阳，疑心太重，被吓得直喘气。"犀牛望月"是非常传统的中国题材，在其他窑口的作品中也屡见不鲜。

金代耀州窑仍然以创烧于唐代的黄堡（今陕西省铜川市黄堡镇）为中心

窑场，这一点最能在器物的圈足上体现出来。耀州窑所用瓷土称为"坩土"，在当地储藏丰富、埋藏不深。而且由于当地产煤，"坩土"中铁含量很高，使得烧制出的器物圈足上都有若隐若现的像霉斑点一样的深色析出物。

到了金代，青釉虽然还是主流，但玉质感极强的乳浊状失透感的厚釉——月白釉更加突出。月白釉其实在北宋早期就有烧造，只不过当时青多白少。越往后发展，青色占的比重越少，到金代终于褪去所有青色，化身为一块温润、端庄的"羊脂玉"。这类器物常见于北方金代贵族墓葬中。

金代耀州窑月白釉双系罐

金代以后，耀州窑多生产磁州窑（位于今河北省邯郸市）风格的白地黑花器物，更加符合大众审美，主打亲民路线；到了清代，甚至还生产起青花瓷。如今，陕西省铜川市的立地坡、陈炉等窑场依然烧造着耀州瓷。可以说，耀州窑从唐代创烧至今，从未断烧。

　　青釉是最传统、最原始的釉色，几乎每个窑场都烧，也曾创造过辉煌，但能延续至今的，几乎只有耀州窑一家。耀州窑经历了宋朝百花齐放、独领风骚的辉煌，逃过了元朝"窑口大灭绝"的磨难，应对着一次又一次的挑战，成为坚持到最后的赢家。

明代耀州窑白地黑花仙鹤"寿"字盆

葡萄美酒夜光杯：
从殊方共享到中国故事

　　穿越千年的历史长河，当地中海西岸的古罗马人正陶醉于他们称之为"赛里斯"（拉丁文 Seres，古罗马人对中国的称呼）的丝绸时，欧亚大陆另一端的中国人则沉醉于"葡萄美酒夜光杯"的芬芳之中。葡萄的东渐，不仅使以葡萄为名片的西方物质文化踏上第一波"全球化"的浪潮，更成为古代东西方精神文明对话落地的载体。丝绸之路与其对人类文明演进过程的深远影响，至今余音不息，通过葡萄的流传，我们似能听到驼铃悠扬的丝路文明初声。

⊙ "葡萄何来自西极，枝蔓连云引千尺"：
　 张骞的使团与葡萄东传

　　葡萄，中国古书也称"蒲陶""蒲桃""蒲萄"等，是标准的殊方之物。汉代张骞通西域时，见到大宛（约在今费尔干纳盆地）"以蒲陶为酒……俗嗜酒，马嗜苜蓿"，于是汉朝使者把葡萄和苜蓿种子带回中原，从此中原生长出葡萄的藤蔓。据司马迁记载，汉武帝为了招待使者和喂养马匹，特别在离宫旁尽种葡萄和苜蓿，一望无际。唐诗"天马常衔苜蓿花，胡人岁献葡萄酒"描述的就是这一佳话。到三国时期，魏文帝更是称赞葡萄"甘而不饴，酸而不脆"，葡萄进入寻常百姓家，极大地丰富了中原人的饮食文化。

唐代时，人们对葡萄的喜爱，蔓延到各种器物的装饰中。瑞兽葡萄纹铜镜是唐代流行的最具特色的新镜类之一。八出葵花形，镜背贴一金壳，陕西西安马家沟出土的金背瑞兽葡萄纹铜镜可谓该类镜形中的上品，将中国传统的瑞兽纹饰和从西方传入的葡萄纹巧妙地结合在一起，兽之奔跃，禽之飞舞，创造出活泼、开放、富于变化和具有神秘色彩的装饰图案。

唐代金背瑞兽葡萄纹铜镜

随后，葡萄纹饰遍地开花，渗透到银碗、瓷器、绘画、雕刻、织造品等方方面面，并带有明显的"中国化"特色。南宋林椿的《葡萄草虫图》"极写生之妙"，取葡萄累累垂挂之局部，树枝藤蔓间伏有蜻蜓、螳螂、蝈蝈等昆虫，赋色淡雅，以中国古代特有的团扇小品画的形式尽显精微之处，给人以甜美丰实的精神享受。明清时期将葡萄纹饰与斗彩、青花瓷相结合，充分借鉴中国水墨画的笔墨意韵，创造出极具东方典雅气质的葡萄纹饰瓷器，并衍生出子孙绵长、吉祥如意的祈福寓意。

南宋林椿《葡萄草虫图》

葡萄沿张骞开辟的丝绸之路东传，以更丰富的形式为我国古代人民的生活增姿添色，同时以与本土文化相融合的方式表现出来。

⊙ "葡萄酒，金叵罗，吴姬十五细马驮"：葡萄酒文化的东方印象

伴随着葡萄的传入，葡萄酒及其酿酒技术也逐渐在中原地区流行开来。起初，葡萄酒作为一种珍稀的舶来品，只在权贵阶层中享用。宋代笔记《南部新书》丙卷记载："太宗破高昌，收马乳葡萄种于苑，并得酒法。仍自损益之，造酒成绿色，芳香酷烈，味兼醍醐，长安始识其味也。"唐太宗攻下位于丝绸之路要道的高昌国之后，不仅将高昌的 8 种葡萄酿酒法带回中原推

广，还亲自参与酿酒赐予群臣。上有所好，下必甚焉。在太宗的影响下，葡萄酒开始风靡长安城，成为文人雅士在宴会上纵情赋诗时的钟爱之物。

唐代文学家刘禹锡曾作诗赞美葡萄酒："自言我晋人，种此如种玉。酿之成美酒，令人饮不足。"一时间，饮葡萄美酒，赏胡姬乐之舞，颂饮酒之诗，歌窈窕之章，成为唐代文人雅士生活一道亮丽的风景。

品酒少不了各类精致的酒器。唐永泰公主墓的前墓室东壁上绘有手捧波斯风格高足杯的侍女，此类高足杯在西方通常用于盛放葡萄酒。而在整个永泰公主墓的壁画中，类似的高足杯出现了 3 次，足以证明葡萄酒在唐代贵族中的流行。

高足杯由杯体、杯盘和细长高足三部分组成。杯体多为敞口、圆唇、筒形腹。腹下为一托盘与杯体相连，形制与今天的高脚杯十分相

唐代永泰公主墓壁画中手捧波斯风格高足杯的侍女

似。伴随着丝路商人的频繁互动，沿线各国原本独立的贸易体系也因丝路的开通而有效地连为一体，萨珊波斯乃至拜占廷风格的高足酒器输入中国。今山西大同出土的北魏葡萄藤纹鎏金铜高足杯属于典型的萨珊波斯王朝风格。杯外饰卷枝葡萄，枝繁果密，藤上小鸟啁啾，藤间有童子嬉闹。杯上所绘童子收获葡萄的题材是希腊化时代（公元前330～前30）的艺术表现形式，与中亚巴克特里亚地区的酒神节风俗息息相关。

北魏葡萄藤纹鎏金铜高足杯

东、西方之间的交往是逐层递进的，始于葡萄酒和高足杯的物质文明交流，进而触及精神文化层面的互动。与葡萄酒相关的艺术形式、神话体系和宗教崇拜等希腊罗马文化因素也得以沿着葡萄藤抵达中华大地。隋代的酒神图驮囊陶骆驼是希腊罗马文明传入中国的实物例证。骆驼昂首嘶鸣，背上有驮囊，驮囊上刻画三人，其中一人呈酣醉状态，是希腊酒神狄奥尼索斯的形象。狄奥尼索斯在罗马神话中又名巴克科斯，是葡萄种植业和酿酒业的保护神，是最受古代希腊罗马平民欢迎和崇拜的神祇之一。在古代希腊罗马的雕塑绘画中，狄奥尼索斯常与葡萄枝叶果实一同出现。

因此，丝绸与葡萄，赛里斯与大秦（罗马帝国），不仅是物质文化的交流，也是精神文化的传播，同时还是文明的互动与对话。驼铃悠扬的古代丝路不仅是穿梭于欧亚世界的商贸之路，也是一条寰宇交融之路。无问东西，只求真实。当人们跋山涉水、远赴异乡，见证陌生中的熟悉与亲切时，便会油然而生"海内存知己，天涯若比邻"的共生之感。

⊙ "蒲萄四时芳醇，瑠璃千钟旧宾"：
丝绸之路上的琉璃贸易与文明互鉴

"葡萄美酒夜光杯"中的夜光杯，是由采自祁连山的墨玉经 20 道工序打磨制成，杯壁薄如蝉翼，通体晶莹透亮，夜间自然发光，自古就是名贵酒器。汉唐时期，随着丝绸之路的开通，一种与之相似但材质更为轻盈、色彩更为斑斓的器皿——琉璃（即古代玻璃）杯，不断从西方传入中国，琉璃制品一时如丝绸在罗马一般成为当时中国的"奢侈品"，备受追捧。

玻璃并非近代工业文明的产物，早在西周时期，中国人就已掌握玻璃制造工艺，即古人所称的"琉璃"。东周时期，出现了极具特色的蜻蜓眼玻璃珠。蜻蜓眼是指具有同心圆类特征纹饰的镶嵌玻璃珠，即在球的球面中心镶嵌白色同心圆，圆内有蓝色圆球凸出，形似蜻蜓眼状，故名。但由于受原料的限制、主流文化的影响，整体来讲，汉代之前我国的玻璃制造工艺并不发达。

河南辉县固围村出土的战国眼纹玻璃珠串

随着丝绸之路的贸易频繁互通，大量来自波斯、阿拉伯和东罗马的琉璃用品传入中国，并激发了我国琉璃制造技术的日趋成熟。唐僖宗于874年供奉佛祖的多件琉璃制品，得以在陕西扶风法门寺地宫保存下来。其中一件盘口细颈贴塑淡黄色琉璃瓶，器形精美，纹饰华丽。整器呈黄色透明状，系无模吹制成型，以熔融玻璃条堆塑瓶体、冷却后自然粘贴的方法装饰外壁。这种琉璃吹制技术以及热加工装饰工艺在罗马帝国时期出现，后经阿拉伯和中亚玻璃工匠传承和发展。该琉璃瓶也兼具古罗马、萨珊波斯和早期伊斯兰文化的多元风格。

由于琉璃需求量的持续上涨，域外工匠将琉璃原材料和先进技术带入中国，唐朝人开始自己生产琉璃器皿。在丝路贸易与西域工匠的影响下，除了磨铸技法之外，我国工匠也掌握了琉璃吹制技术，琉璃产品更加纯净透明，生产工艺获得长足发展，并且注入中国传统的审美观和本土化特点。因此，琉璃的贸易与传播，透析出东西交流在器物、技法、思想等层次的脉络和文化内涵。

陕西宝鸡法门寺唐塔地宫后室出土的盘口细颈贴塑淡黄色琉璃瓶

习近平总书记强调，"文明因交流而多彩，文明因互鉴而丰富""和羹之美，在于合异"。所有文明的发展不是独立的，而是汲取营养，相互影响。透物见史，以小观大。通过葡萄的流传，也能读出不同文明的共享与汇融。见微知著，酌古准今。1000多年前的欧亚大陆上，蕴藏着"美在通途，行久致远"的文化生命力，而兼收并蓄、锐意创新、美美与共是中华民族历久弥新的文明密码。文明的对话，在丝路这条穿越古今的大道上，仍将不断书写。

圆明园青铜虎鎣：
流失百年重归祖国

⊙ 国宝归来

2018 年 3 月底，英国肯特郡坎特伯雷拍卖行发布的一则拍卖信息引发海内外舆论关注，拍卖物被疑为我国圆明园流失的文物"青铜虎鎣"。英国《每日电讯报》也发文称，这件稀世珍宝有着 3500 年的历史，是 1860 年英国军官哈利·埃文斯（Harry Lewis Evans）从圆明园抢劫而来。

埃文斯劫掠并收藏于家中的圆明园文物

对此，中国国家文物局多次抗议，要求停止拍卖虎鎣，但它最终还是以41万英镑（约合366万元人民币）的价格被拍出。正当人们失望时，国家文物局收到英国相关拍卖机构邮件，称境外买家希望将文物无条件捐赠给国家文物局。

2018年9月和11月，受国家文物局委托，中国国家博物馆先后两次派出专家团队赴英国对虎鎣进行鉴定。中国国家博物馆研究员于成龙便是鉴定专家之一。在赴英国的路上，于成龙的心情既激动又紧张。下飞机后，他来不及休息，更无心观赏伦敦的秋色，便直奔中国驻英国大使馆。第一眼看

2018年9月，于成龙赴英国鉴定青铜虎鎣

到虎鎣时，浓浓的"中国气息"扑面而来——这种熟悉的感觉让他心头一热，眼眶湿润，心里响起一个声音："就是它！"

流落海外100多年的虎鎣，终于等来了接它回家的亲人。一念在兹，万山无阻。青铜虎鎣被安全运回国后，中国国家博物馆专门举行了入藏仪式。虎鎣被掠流离海外，是清政府被列强欺凌的耻辱；虎鎣回归祖国，是中华民族走向伟大复兴的见证。从此，中国国家博物馆又多了一件身份特别的国宝。

2018年9月21日，青铜虎鎣捐赠接收仪式在中国驻英国使馆举行

回归祖国的圆明园流失文物——西周青铜虎鎣

⊙ 錾为何物

商周时期是青铜器铸造的鼎盛时代。我们熟悉的青铜器有鼎、爵、簋、鬲、斝等，那錾是什么？

专家认为，錾是青铜盉的一种别称。青铜盉是古代温酒的铜制器具，形状像壶，有三条腿的，也有四条腿的。前者自名为盉，后者自名为錾。朱凤瀚先生认为，"自西周中期始，即已有'錾'的自名。西周晚期至春秋早期，此名称一直使用"。

青铜虎錾俯视图及顶盖内铭文

这件虎錾的造型，与西周晚期的季良父盉、伯百父錾颇为相似。虎錾长35厘米、高26厘米、口径12.6厘米，圆口深腹，顶加饰虎纹，盖顶盘踞一只虎身龙尾兽。因流管装饰卧虎形象，顶盖内铸有"自作供錾"铭文，故称为虎錾。英国剑桥大学的文化学者在拍卖行的定名里，也将它称为"Tiger Ying"。不过，虽名为虎錾，但造型中又不乏"龙"的特点，其肩后部与肩前部的卧虎造型不同，为龙首衔錾，肩集龙与虎于一体；其盖边缘为窃曲纹，肩部为连续6组龙纹。

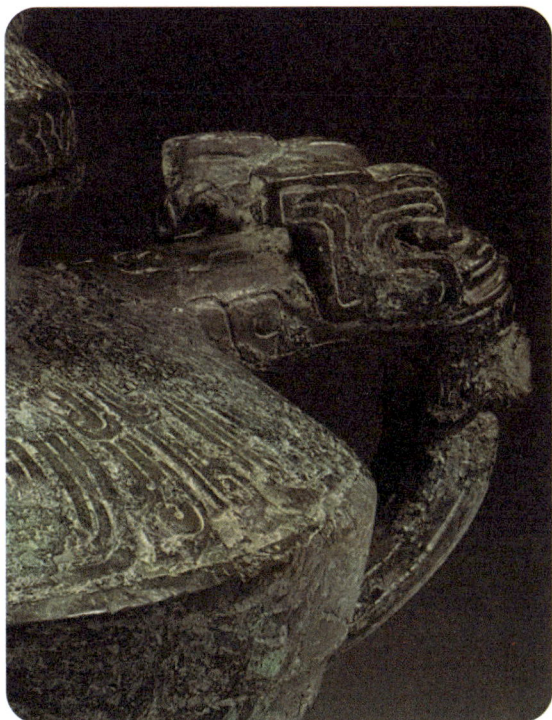

青铜虎鎣局部图

青铜虎鎣是目前世界上仅存的7件鎣类青铜器之一，也是这几件铜鎣中的极精之品。即使以今天的眼光看，其做工依然精良，充分体现了当时先进的青铜器铸造技术和发达的生产力水平。

⊙ 文物中的虎文化

虎鎣不仅仅是一件文物，更承载了中华文化的记忆。

虎鎣的器盖和管状长流的出口为威武的老虎造型，威猛而不失端庄典雅。器盖内铸的"自作供鎣"铭文，明确了其用于祭祀供奉。有专家认为，使用威猛的老虎参与祭祀供奉，足以证明周人对礼制的高度重视。

距今约200万年，就出现了虎这一物种。在新石器时代，虎开始被华夏先民神化。先有虎文化，后有龙文化，虎文化与龙文化都参与了中华文明的建构进程。

河南濮阳西水坡遗址 45 号墓发现了用蚌壳堆塑的龙、虎造型，说明距今约 6500 年时，虎和龙一样是先民崇拜的神兽。在距今约 5000 年的阴山岩画中，出现孤虎和群虎的形象。《史记·五帝本纪》载，黄帝"教熊罴貔貅貙虎，以与炎帝战于阪泉之野"。这说明，以虎为图腾的氏族或已出现。

在先秦的石器、玉器、青铜器中，能看到大量虎的图形和纹样出现。商代的后母戊青铜方鼎和龙虎纹青铜尊上，都饰有猛虎纹。虎的形象装饰还出现在重要的礼乐之器上。而这件虎鎣，其罕见的虎形装饰及精美独特的造型，凸显了商周时期人们对虎的钟爱。

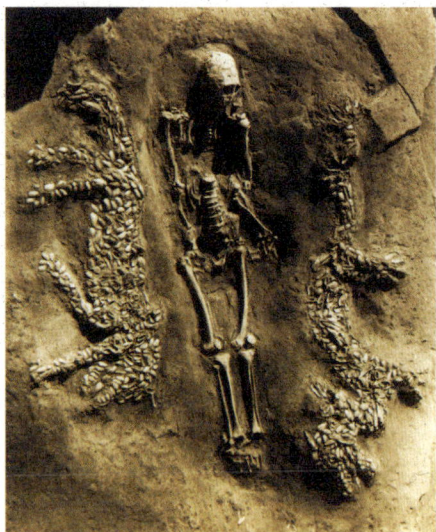

河南濮阳西水坡遗址发现的新石器时代蚌塑龙虎造型

虎为瑞兽。"瑞虎佑安"是中国人的吉祥观念。在我国古代星象学中，人们将天上的星座分为二十八宿，分别归属东方青龙、西方白虎、南方朱雀、

河南安阳殷墟出土的商代虎纹石磬

河南安阳殷墟妇好墓出土的商代玉虎

北方玄武四象。白虎坐镇西方，被视为战伐之神。《史记·魏公子列传》中著名的信陵君"窃符救赵"故事流传千古——一枚小小的虎符，牵动着国家和人物的命运。在汉代的铜镜、瓦当、汉画像石等器物或建筑上，都能看到虎的身形。东汉的瓦当以昂首阔步的白虎为图案，意在以白虎之神威镇守府宅。

中国国家博物馆展出的具有游牧民族风格的"西汉虎纹圆形金牌饰"、辽金元时期表现狩猎生活的"秋山玉"，都反映出虎已成为多个民族的文化印记。

南朝陶弘景在《本草经集注》中说："虎头作枕，辟厌恶。"故中国人有将枕头制成虎形的习俗。金代的黄釉黑彩题诗虎枕，刻画的是一只威风的卧虎，虎背上题了戏谑的诗句："白日驮经卷，终宵枕虎腰。无人将尾蹈，谁敢把须撩。"以老虎为形的用品已然进入人们的日常生活。直至今日，人们在春节时贴虎门神，让婴儿戴虎头帽、穿虎头鞋、睡虎头枕，以求镇邪祈福，家宅安宁。

虎是十二生肖之一，代表着强健、勇猛、威风凛凛。各族人民都喜欢老虎的形象，彝族、白族、布依族、土家族等民族至今还留存着很多崇虎的神话和节庆习俗。经过漫长的历史演化与发展，崇虎的文化意识已成为中华民族共同的文化价值。

新石器时代石家河文化玉虎头

秦阳陵虎符

⊙ 期待更多流失文物回归

泱泱中华，文明博大。5000多年的文明史，积淀了丰厚的文化遗址、珍贵文物和文献典籍。令人痛心的是，晚清以降，国力衰微，大量珍贵文物流失海外。据不完全统计，目前世界各国公私单位收藏的中国文物总量超过1000万件，这些流失海外的国宝成为时代之痛、民族之殇。

中华人民共和国成立后，党和政府把遏制文物流失、抢救珍贵国宝提上重要议程，建章立制，开启了追索流失文物的新篇章。1949年至今，我国成功促成300多批次、15万余件流失海外中国文物的回归。特别是党的十八大以来，成功促成了包括虎鎣在内的1800余件（套）流失文物返还。近几年，我国流失文物追索返还的国际合作不断扩展深化，流失文物返还的"中国实践"备受世界瞩目。眺望未来，我们期待更多像虎鎣这样的海外流失文物归来。

错金银云纹青铜犀尊：

凝固两千年前犀牛的最美瞬间

在中国国家博物馆"古代中国基本陈列"的展厅里，陈列着一件赫赫有名的精美文物——错金银云纹铜犀尊。

尊是我国古代的一种青铜盛酒器，造型多样，其中以动物造型的尊最为形象、最具特色，如羊尊、豕尊、鸮尊、马尊、兔尊、鸭尊、虎尊、鸟尊等。相对而言，犀牛尊比较罕见。

⊙ 造型独特 栩栩如生

错金银云纹青铜犀尊，1963 年出土于陕西省兴平市西吴镇豆马村。出土时，犀尊的肚子内还装有铜镜、带钩、锉刀和花贝等 17 件器物。多数专家推断，犀尊连同这些器物都属于西汉时期的文物。

犀尊造型独特、形象逼真，呈犀牛形，高 34.4 厘米，长 58.1 厘米，体态雄健，昂首伫立，两耳前耸，首有尖利双角；双目嵌以乌黑光亮的琉璃珠，神采奕奕；唇作钩状，嘴边右侧有一细长管状流，又似獠牙；颈部隆起，皮肤多褶皱，层次分明；四足矮壮，肌肉坚实而发达，臀部肥硕丰满，短尾下垂。犀尊背上有盖，与前脊背相连，可自由开合，用以盛酒。通体满饰流云纹，间饰谷纹和涡纹。在粗细花纹线条中嵌以金银丝，以表现犀牛的毫毛。纹饰流畅生动，精湛华美。犀尊造型比例得当，逼真写实，栩栩如生。

　　制作者一定是近距离仔细观察了活犀牛的生动形态，其对细节的处理令人叹为观止。犀牛耳朵边的褶皱可谓毫发毕现，真实还原了犀牛的形体特征。虽为实用重器，却写实生动，表现出工匠在写实能力上的巨大进步。犀首向左倾斜，展现昂扬之态，打破了对称带来的呆板保

西汉错金银云纹青铜犀尊

守，使之更加传神生动和富有创造性，同时也更加方便倒酒。独特的设计将美学和实用性有机统一起来，可谓神来之笔。

⊙ 工艺精湛 巧夺天工

错金银又称"金银错"，是极具中国特色的青铜器装饰工艺，始见于春秋时期，广泛流行于战国至西汉时期，主要用于制作青铜器皿、车马器具及兵器等实用器物上的装饰图案。其制作过程复杂精细，十分考究。首先在器表绘制好云纹，用坚硬的工具沿着云纹錾出凹槽，然后嵌入金银丝，最后用厝石打磨，使表面平整光滑。这种工艺传承千年，金银的华丽色彩和古朴的青铜器完美相融，交织出典雅华章。这一工艺充分利用金银较好的延展性和引人瞩目的金属光泽，"绘"出千年不褪色的精美纹饰，飘逸灵动、华美无比。

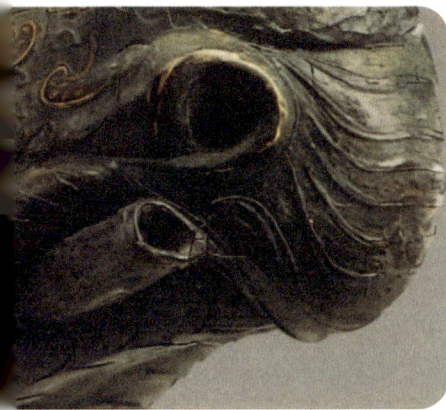

中国青铜文化形成于夏代，经历了近2000年的漫长发展过程。战国后期至汉代中期时，青铜文化已由顶峰逐步走向落幕。但这一时期的错金银、鎏金等铜器装饰工艺发展到极致，涌现出一批造型和纹样都极为考究的铜器精品。犀尊正是错金银工艺的极好呈现。其表面遍饰精细的错金银云纹，断断续续的金银丝好像犀牛身上的毫毛，金、银、铜三色交相辉映，闪耀着大自然中肉眼无法觉察的光彩，装饰效果极强；同时又表现出犀皮粗糙厚重的质感，使纹饰与造型得到完美结合。

⊙ 犀为文德之兽

犀牛与古老的中华文明有着千丝万缕的关系。犀牛象征着高尚的德操，古人视之为文德之兽。同时，犀牛因其雄壮的身躯而被视为力量与威严的象征，常见于古代青铜器和画像石图饰上，为人们所喜爱。

晚唐著名诗人李商隐在《无题》中吟道："身无彩凤双飞翼，心有灵犀一点通。"犀牛看似"笨重"，为何又被称为灵犀？古人把犀牛视为神兽。犀牛的角中央有一条线状的白色纹理，贯穿两端的叫作通犀或通天犀。犀角被认为具有灵异，犀牛被看作灵异之物，故称"灵犀"。

清代犀角透雕盘螭柄杯

古人认为，犀牛是瑞兽，可辟水、治水患，所以很多地方都有"石犀镇水"的古老习俗。同时，犀牛也是一些部落图腾崇拜的祥兽。比如苗族有崇拜犀牛的习俗，犀牛形象被刻画在各种图腾形象中。

犀牛还被视为辟邪的祥物。古代贵族常制作犀牛形的青铜酒器，以求驱邪避灾，迎福纳祥。犀尊也是庙堂宫室之重宝、尊贵的礼器。

商代小臣艅犀尊

⊙ 犀牛曾在中华大地广泛生存

犀尊的铸造及出土，是犀牛曾在中华大地广泛生存的重要物证之一。事实上，新石器时代遗址中曾多次发现犀牛骨，我国古代众多典籍也记载了犀牛的形迹。

商代"宰丰骨匕"刻辞记载，商王帝乙（或帝辛）六年五月壬午日，王在狩猎活动中捕获一只犀牛，因宰丰有功，便赏赐给他，并将此事记录在由犀牛骨做成的"匕"上。《殷墟文字乙编》第 2507 片甲骨文记载了商王"焚林而猎……获十五兕（雌性犀牛）"。可见那时犀牛在中原大地较为常见。《山海经·中山经》说："琴鼓之山……多白犀。"《山海经·海内南经》提到："兕在舜葬东，湘水南，其状如牛，苍黑，一角。"《战国策·楚策一》云："（楚王）乃遣车百乘，献骇鸡之犀、夜光之璧于秦王。"

正史也记载了犀牛在古代曾经大量生存于我国境内。《史记·货殖列传》写道："江南出枏……犀……"，又记载："九疑、苍梧以南至儋耳者，与江南大同俗，而杨越多焉。番禺亦其一都会也，珠玑、犀、玳瑁、果、布之凑。"《汉书》记载南越王赵佗献文帝"白璧一双、翠鸟千、犀角十、紫贝五百"。《汉书·地理志下》也说："（粤地）处近海，多犀……"可见，西汉前期，江南乃至岭南地区，犀牛是比较常见的。

根据历史地理学家文焕然的研究，上古时期犀牛在我国的分布相当广泛。从战国到宋代，犀牛数量明显下降，分布地从东向西、自北向南急剧减少。到了清末，最后的犀牛种群在云南灭绝。

《汉书·地理志下》记载："平帝元始中，王莽辅政，欲耀威德，厚遗黄支王，令遣使献生犀牛。"王莽辅政时，曾用贵重礼物换取南海黄支国的活犀牛，可见西汉时期，犀牛在中原地区已很罕见甚至绝迹，否则黄支国不远万里的赠犀行为也就没有意

商代"宰丰骨匕"刻辞

义了。曾在中华大地广泛生存的犀牛为何成了难得一见的珍稀动物乃至灭绝？

首先是气候变化以及人类活动范围扩大的原因。犀牛喜欢温暖的环境，2000多年前，北半球温暖湿润，草木丰美，犀牛遍布。西汉以后，北半球转冷。此外，随着定居农业的发展，农耕地带向外不断延伸，大大挤占了犀牛等野生动物的生存空间。据《孟子·滕文公章句下》记载，武王灭商之后，"驱虎、豹、犀、象而远之，天下大悦"。犀牛被迫南迁，如今仅零星生活在热带雨林和沼泽中。

其次，犀牛皮质地坚韧，用来制作盔甲是非常好的防御装备。用犀牛皮制作铠甲的最早文献记载见于《国语·晋语八》，"射兕于徒林，殪，以为大甲，以封于晋"。春秋战国时期，犀甲是各国武士渴望至极的装备。常年的征战、无节制的使用，导致大量野生犀牛被捕杀。加之犀牛本身的低繁殖率，使其数量迅速减少。

再次，犀角是一味名贵中药材。中医认为，犀角味苦、性寒，能解诸毒，并有定惊安神之功效。据《神农本草经》记载，"犀角……主治百毒蛊注"，这在一定程度上也导致了民间对野生犀牛的捕杀。此外，用犀角雕刻的工艺品还常见于富贵之家中。清代李渔《闲情偶寄》有载："富贵之家，犀则不妨常设，……且美酒入犀杯，另是一种香气。"这些都助长了对犀牛的捕猎。

犀牛在中华大地数量锐减乃至灭绝，也导致历代器物中犀牛形象的变化。魏晋以前，人们塑造的犀牛形象还相当逼真。唐宋以后，由于大多数人并未亲眼见过犀牛，犀牛形象就逐渐失真，以致"牛不牛、犀不犀"。如清代七品武职官员所绣的犀牛补子，看上去更像一头小鹿。可以说，工艺精湛、栩栩如生的错金银云纹青铜犀尊凝固了2000多年前犀牛在中原大地上最美的瞬间。

犀尊及相关文物的出土，佐证了敦厚的犀牛在中华大地迁徙的大致路线，即从中原一带不断南迁，转移至岭南。今天，犀牛这一濒危物种仅生存于东南亚、南亚和非洲的部分地区，我国境内已没有野生犀牛。这令我们更加深刻地体会到尊重自然、顺应自然、保护自然、与自然和谐共生的重要意义。

蹴鞠纹铜镜：

一"蹴"千年的流行运动

2023 年 5 ～ 7 月，一项名为"贵州榕江（三宝侗寨）和美乡村足球超级联赛"（简称"村超"）的村级足球比赛，吸引了上百万人次到场观战，超 5000 万人次在线围观，全网点击量突破 300 亿次。透过火爆的"村超"，让我们看看中国古代的足球运动又是何种场景，有着怎样的历史与文化。

⊙ 蹴鞠：足球的起源

足球在中国有极其悠久的历史。在古代，踢球被称为"蹴鞠"（或"蹋鞠"），"蹴"的意思是用脚踢，"鞠"是皮球。蹴鞠是一项古老的体育活动，不仅具有运动、娱乐的性质，也曾兼作军事训练之用。

蹴鞠的发明来源于生产劳动。史前时期，石球、陶球是重要的猎具，是原始社会的生产工具。古老的游戏往往源于生产工具，或者略加一些改进。

蹴鞠是如何兴起的？汉代刘向《别录》载："蹴鞠者，传言黄帝所作，或曰起战国之时。"1973年，湖南长沙马王堆汉墓出土的帛书《十大经·正乱》记载了黄帝战蚩尤时发明蹴鞠的传说。商代甲骨文也记载了蹴鞠，一片甲骨文卜辞曰："庚寅卜，贞：乎品舞，从雨。"其中"品"就是蹴鞠，"品舞"即蹴鞠舞。

蹴鞠在春秋战国时期逐渐兴盛，以齐国都城临淄（今山东淄博）最为驰名。《韩国策·齐策》载："临淄甚富而实，其民无不吹竽、鼓瑟、击筑、弹琴、斗鸡、走犬、六博、蹋踘者。"《史记·苏秦列传》的记述与此大同小异。当时临淄的蹴鞠运动广泛开展，已经有了相当的规模和群众基础，初步成为一种运动项目。

2004年6月，淄博市举办足球起源专家论证会，与会专家一致认为：中国古代足球（蹴鞠）起源于春秋战国时期的齐都临淄。同年7月，亚洲足球联合会秘书长维拉潘正式宣布："国际足联和亚足联已经确认，中国的淄博为世界足球的起源地。"国际足联主席布拉特随后郑重宣布："我们对足球历史的研究发现：足球，起源于中国一个叫临淄的城市。"

⊙ 蹴鞠的发展简史

宋代蹴鞠纹铜镜

实际上，蹴鞠在中国古代是一项非常流行的体育运动和娱乐活动，受到了上至皇帝、下至平民的深爱，其热度不亚于现代人对足球的狂热。

汉代时，在汉高祖、汉武帝、汉元帝、汉成帝等几任酷爱蹴鞠的皇帝的亲自推动和垂范下，蹴鞠有了较大发展。这些皇帝都喜欢蹴鞠，甚至在宫苑内修建有蹴鞠城——汉武帝在上林苑平乐馆就修有球场。上有所好，下必甚焉。西汉桓宽的《盐铁论》称："贵人之家，蹋鞠斗鸡。"记载了当时在达官贵人间流行蹴鞠的情景。汉代蹴鞠之所以兴盛，不仅在于其游戏本身的娱乐性，还在于它是军事练武的重要内容之一。汉代刘向《别录》曰："蹋鞠，兵势也，所以练武士，知有材也，皆因嬉戏而讲练之。"史载西汉名将霍去病常常在行军打仗之余以蹴鞠为训。三国时，曹操酷爱蹴鞠，曹植《名都篇》对当时洛阳的蹴鞠进行了描写："连翩击鞠壤，巧捷惟万端。"

唐代是我国蹴鞠非常兴盛的时代，仅唐诗中描述蹴鞠的场景就屡见不鲜。如白居易的《洛桥寒食日作十韵》中有"蹴球尘不起，泼火雨新晴"；王维的《寒食城东即事》中写"蹴鞠屡过飞鸟上，秋千竞出垂杨里"；杜甫的《清明》中有"十年蹴踘将雏远，万里秋千习俗同"。唐代女子也参加蹴鞠，康骈在《剧谈录》中云："有三鬟女子，可年十七八，衣装褴褛，穿木屐，于道侧槐树下。值军中少年蹴鞠，接而送之，直高数丈。于是观者渐众。"唐代蹴鞠较前代有较大改进。唐之前的鞠是"以韦（皮）为之，中实以物"的实心球，唐人发明了充气鞠：用动物膀胱为胆，外表用皮革缝制而成，"吹嘘而取实""满而不溢"。此外，皮球改为八瓣球，更圆，踢起来更方便。

宋代也非常流行蹴鞠。孟元老的《东京梦华录》云："举目则秋千巧笑，触处则蹴鞠疏狂。"《清明上河图》也描绘了蹴鞠场景。宋代蹴鞠进一步改进，出现了更加浑圆的十二瓣球，宫廷设立有球队，还出现了民间"足球协会"——齐云社（又称圆社）等。南宋临安城内许多"瓦舍勾栏"（民间艺术演出场所）都有蹴鞠表演，还出现了如"蹴球茶坊""角球店"等一系列茶楼、酒楼。

元代关汉卿在《斗鹌鹑·女校尉》中对女子蹴鞠有精彩的描绘，"换步那踪，趋前退后，侧脚傍行，垂肩鞬袖"，盛赞"谢馆秦楼，散闷消愁，惟蹴踘最风流"。《事林广记》中也收录了蒙古官员踢球图。

明代汪云程在《蹴鞠图谱》中提到："打槏者，添气也。事虽易，而实难。不可太坚，……不可太宽，……须用九分着力，乃为适中。"

宋代蹴鞠纹铜镜

明代创作的绢本设色《朱瞻基行乐图》描绘了明宣宗朱瞻基在御园观赏蹴鞠表演的情形。明代沈德符《万历野获编补遗》载："汉府军余王敏善蹴鞠，

明代佚名画作《朱瞻基行乐图》局部

宣宗喜之，阉为内侍，后进太监。"一个军卒因擅长蹴鞠，被明宣宗相中，召入内侍成为太监，专门陪皇帝蹴鞠。崇祯皇帝和他的田贵妃也都喜欢蹴鞠。

总体而言，蹴鞠在我国起源很早，唐宋时期达到高峰，之后逐渐走向衰落，至清末，蹴鞠基本销声匿迹。

清代青花童子蹴鞠图盏

清代青玉戏球童子

⊙ 蹴鞠的玩法规则

蹴鞠的场地分为固定和不固定两种，并由此派生出不同的玩法和规则。

不固定场地　　有一块平整的地方就可以蹴鞠，这种玩法称"白打"，类似于今天的"踢野球"。汉代画像石、《宋太祖蹴鞠图》《事林广记》以及明代《仕女图》中的蹴鞠场景，都属于白打形式。白打不限人数，主要是娱乐和锻炼性质。具体踢法有很多，如脚踢、膝抬等。

元代钱选摹宋代苏汉臣《宋太祖蹴鞠图》

固定场地　　如汉代蹴鞠城等，均有长方形的固定球场。从史料看，场地均设有球门，但类型不一，主要有两种：一种是低网球门，球场内砌一矮墙，中间挖口，内置网囊；第二种是高网球门，在竖立的木头上固定好木板，中间挖孔，放置网囊，类似现代的篮球架，双方队员往网囊内踢球。这种有固定场地的蹴鞠，更多的是比赛性质。东汉李尤《鞠城铭》曰："圆鞠方墙，仿象阴阳。法月衡对，二六相当。建长立平，其例有常。不以亲疏，不有阿私。端心平意，莫怨其非。鞠政犹然，况乎执机。"由此可知，此时已有比较完备的比赛规则，比赛分两队，场上对阵双方各6人，攻对方球门，每队有队长和守门员，并设置裁判。

宋代的蹴鞠已经彻底从军事训练中摆脱出来，成为一种兼具技能性与表演性的体育文化活动。宋末元初文学家周密《武林旧事·卷四·乾淳教坊乐部》中记载了单球门蹴鞠比赛的球员人数和名称，衣服颜色不同的左右军（两队）分站两边，每队16人，分别为球头（队长）、跷球、正挟、头挟、副挟、左竿网、右竿网、散立等，球头与队员的帽子稍有区分。

南宋的民间球会组织"齐云社"，是蹴鞠艺人和爱好者为保护自身利益、提高技艺而组织起来的行会。这个组织专门负责蹴鞠活动比赛的组织和推广，应是我国最早的单项运动协会，可谓世界最早的足球俱乐部。齐云社这个名称一直沿用到元明两代，同时也适用于女子蹴鞠组织。

明代杜堇《仕女图》局部

古人看球也讲究气氛，正式蹴鞠比赛都会有鼓乐助兴。元杂剧《逞风流王焕百花亭》提到一场蹴鞠活动："果然是好景致。……仕女王孙，蹴鞠秋千，管弦鼓乐……"可见现场必定是锣鼓喧天，热闹非凡。南宋齐云社球迷还会在球场边上唱曲子——《圆社市语》，为球场营造气氛、呐喊助威。

⊙ 蹴鞠与古代社会文化

蹴鞠，真切而生动地反映了古人的智慧和创造力。在我国众多诗词歌赋、文献典籍中，均记载有"蹴鞠"。此外，在众多出土的汉画像石、书画、铜镜、陶瓷、瓦当等文物中，也陆续发现蹴鞠及相关图形元素。种种情形均表明，蹴鞠在古代社会的传承绵延不断，影响广泛。

蹴鞠历史悠久、文化底蕴深厚，在我国古代体育史上占有重要地位，展现着古代体育文化的独特魅力。2006 年，蹴鞠被列入第一批国家级非物质文化遗产名录。

"延年益寿大宜子孙"汉锦：

见证千年前的"美美与共"

⊙ 消失的精绝国

1959 年 10 月，新疆维吾尔自治区博物馆考古队在尼雅河沿岸的民丰县北大沙漠进行文物普查时，清理出一个部分露出沙面的"木乃伊"棺葬（民丰北大沙漠一号墓），发现一批汉代精美丝织品和其他随葬品。这批汉锦是如何来到这里并得以保存至今的？

时光倒流到千年前的汉代，黄沙漫漫，驼铃声声。一队队商旅满载中原的丝织品，前往一个叫精绝的西域小国。精绝国位于昆仑山下，塔克拉玛干沙漠南缘，地处丝绸之路咽喉要地，是一个殷实富庶的小国。公元前 60 年，西汉王朝设立西域都护府管辖西域，精绝国便是当时的西域三十六国之一。

东汉历史学家班固编著的《汉书·西域传》最早记录了精绝国的名字："精绝国，王治精绝城，去长安八千八百二十里。户四百八十，口三千三百六十，胜兵五百人。"从中可以得知，精绝国距离长安 4000 多千米。东汉以后，精绝国为鄯善国（楼兰）吞并，从此在文献记载中消失。

考古发掘证实，位于民丰县的尼雅遗址正是汉代精绝国所在地。该遗址于1901年和1906年两次被英国的A.斯坦因（Aurel Stein）盗掘。所幸，这批汉锦在民丰北大沙漠一号墓中得以保存。

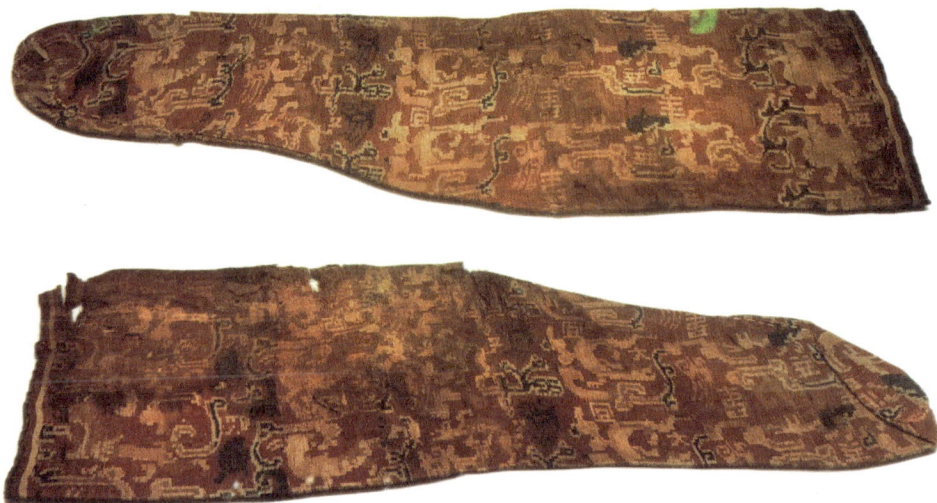

新疆民丰北大沙漠一号墓出土的东汉"延年益寿大宜子孙"锦袜

新疆民丰尼雅遗址

⊙ 等级森严的汉代随葬习俗

汉锦，也称经锦，是以彩色丝线织出斜纹重经组织的高级提花物。汉代丝织业发达，而锦，则是汉代丝织技术最高水平的标志。

为什么古人要拿如此贵重的锦作为随葬品？《荀子·礼论》记载："丧礼者，以生者饰死者也，大象其生以送其死也。故如死如生，如亡如存，终始一也。"这种"事死如事生"的生死观在汉代得到延续，在死亡来临前，人们通常会按照生前的吃穿用度标准，复制一套同样的物品随葬，以便死后在另一个世界继续享受和生前同样的待遇。

汉代对随葬品的等级有严格规定。《汉书·货殖传》记载："昔先王之制，自天子、公、侯、卿、大夫、士至于皂隶、抱关、击柝者，其爵禄、奉养、宫室、车服、棺椁、祭祀、死生之制各有差品，小不得僭大，贱不得逾贵。"因此，墓葬中随葬服饰的质量和数量，因墓主身份和经济实力而异。比如玉柙，也称"玉衣"，是汉代皇帝和高级贵族死后所穿的殓服，由缕线穿缀玉片制作而成。在精绝国故地发现的汉锦随葬品，无疑是当时汉代丝织品和随葬习俗传播和影响的结果。

河北定州八角郎村40号墓出土的西汉金缕玉柙

⊙ "延年益寿大宜子孙"汉锦：高超工艺及身份象征

　　锦作为一种织物，受光照、温湿度、微生物、病虫害等因素影响，通常很难保存下来。民丰地区发现的遗址中能保存下来大量古代纺织品，是因其地处塔克拉玛干沙漠深处，气候干燥。在这批保存完好、颜色鲜明的汉代织物中，以"延年益寿大宜子孙"锦最具特色。

　　两汉时期，"延年益寿大宜子孙""安乐如意长寿无极""千秋万岁宜子孙"等各式吉祥语极为流行，它们不仅频繁出现在丝织品上，也常常在铜镜、漆器、瓦当上出现，反映了当时的人们追求修身养性、祈求长生、希望子孙绵延不断的观念。令人称奇的是，这一在中原地区流行的"时尚"，跨越千山万水，传到了西域绿洲的精绝国。

山东青州马家冢子东汉墓出土的
"宜子孙"玉璧

　　在民丰北大沙漠一号墓里，合葬于此的男女墓主人均身穿昂贵的丝绸服饰：男主人穿着长袍、裤、袜和手套，女主人则穿着内上衣、外上衣、衬衣、裙子、袜子和袜带，显示出墓主人显贵的身份，应属上层统治阶层。其中，男主人所着锦袍下摆底襟一部分、锦袜、手套以及男女主人头枕的鸡鸣枕，均为"延年益寿大宜子孙"锦所制。

新疆民丰北大沙漠一号墓出土的东汉"延年益寿大宜子孙"锦鸡鸣枕

东汉时期，经锦的规格有很多种，"延年益寿大宜子孙"锦是其中织法最复杂的。它采用三色汉锦织法，用绛、白、宝蓝、浅驼、浅橙五种颜色的丝线织成云纹、茱萸纹、禽兽纹等图案，上面有隶书"延年益寿大宜子孙"字样的吉祥语。"延年益寿大宜子孙"锦虽由五色构成，但每一分区都不超过三种颜色。其经密每厘米由120～132根丝线织成，纬密每厘米由52～56根丝线织成，经线、纬线循环交错，提花综片繁多，向世人展现出汉代精湛的丝织工艺。

四川老官山汉墓出土的提花机复原模型

⊙ 流行千里丝路，见证"美美与共"

无独有偶，"延年益寿大宜子孙"锦不仅在民丰北大沙漠一号墓中发现，斯坦因在塔克拉玛干沙漠东部的罗布泊也发现了几件。而在俄罗斯境内叶尼塞河畔的奥格拉赫提公元2世纪的古墓中，也发现一片同样花纹的汉锦，上面残存"益""寿""大"三字，可见"延年益寿大宜子孙"锦在当时已经实现量产。

除了"延年益寿大宜子孙"锦，汉代其他种类丝织品在丝绸之路东段沿线的武威、罗布泊、尼雅、楼兰、诺音乌拉（今蒙古国境内）等地都有发现，说明当时中原出产的精美丝织品也流行于这些地方。

是什么让汉锦能够精准抵达各地，形成"美美与共"的景象？或许，行走于沙漠之中的驼队能回答这个问题。自张骞通西域以及西域都护府建立后，中原与西域的民间商贸就进入了一个新的发展阶段。东起长安，穿过河西走廊和塔里木盆地，跨越帕米尔高原，西至地中海沿岸，中原商人把丝绸等大批商品源源不断带到西域；当时西域的商人也随其使臣来中原经商，将皮毛、玉石、毡毯，以及被称为"白叠"的棉布源源不断地传入中原。

精绝国，正是古丝绸之路上经济文化交流的重要驿站。在古墓遗址中，除了汉锦，我们还能看到西亚的玻璃器，印度的棉织物，中原的绢、漆器、铜镜、纸片等。《后汉书·西域传》记载丝绸之路上"驰命走驿，不绝于时月；商胡贩客，日款于塞下"，仿佛又让人们看到了千年前贸易繁盛的景象。

往事越千年。我们有幸还能看见"延年益寿大宜子孙"锦和用它制作的服饰、寝具。这些汉代精湛丝织工艺的代表性物证，充分实证丝绸之路上的繁荣与兴盛，也体现不同地区的人们对美好事物的共同追求，其象征的文明交流互鉴的模式跨越地理，超越时空，启迪今人。

红山文化玉龙：

中国人的龙崇拜

红山文化是我国东北地区西辽河流域著名的新石器时代考古学文化，是中华文明的重要源头之一，主要分布在今天的内蒙古、辽宁和河北等地区。红山文化的先民在距今五六千年前就已经将玉器置于神圣的地位，用它来沟通天、地、神灵，形成红山文化中奇特神秘的玉文化，成为探寻中华文明起源的一个重要载体。而红山文化代表性玉器——"红山文化玉龙"的发现，更是开启了人们的龙文化探索之路。

⊙ 红山文化玉龙，"以玉为器"的精神信仰

1971年，在内蒙古自治区赤峰市翁牛特旗三星他拉村（今赛沁塔拉村），村民张凤祥在劳作时发现了一件坚硬的"铁钩"。后来因为"铁钩"上面的土被磨掉许多，露出一部分本来面目，晶莹富有光泽，像是玉石，于是张凤祥就把这件玉器捐赠给翁牛特旗文化馆，由文化馆收藏。

1984 年，位于辽宁省朝阳市的红山文化牛河梁遗址获得重大考古发现。考古工作者在发掘一座古墓时，发现墓主人胸前摆放着两件精美的玉器。经过鉴定，认为它们是红山文化时期的玉猪龙，距今约 5000 年。这个消息迅速在考古文博界传播开来，引起翁牛特旗文化馆负责人贾鸿恩对 13 年前征集到的那件玉器的关注。贾鸿恩立即带着玉器，专门坐火车到北京，找到考古学家苏秉琦。后经苏秉琦多方考证，得出结论：这是一件 5000 年前的红山文化玉龙。

此件玉龙通高 26 厘米，周身光洁，头部长吻修目、鬣鬃飞扬，躯体卷曲若钩。玉器造型生动、雕琢精美，世所罕见，是新石器时代红山文化的代

内蒙古赛沁塔拉出土的新石器时代红山文化玉龙

表性器物。玉龙集鹿眼、蛇身、猪鼻、马鬃四种动物元素于一体。玉龙背部有一单孔，用绳穿过单孔，将其悬挂起来，首尾正好处于同一水平线，可见孔的位置是精心设计的。

玉龙以一整块玉料圆雕而成，形体酷似甲骨文中的"龙"字。细部还运用浮雕、浅浮雕等手法，通体琢磨，圆润流利。在古代只有简单工具的条件下，这件玉龙能有如此精巧的设计和工艺，实属难能可贵，表现出中国古代北方玉器圆雕工艺较高的水平。从玉龙器形来看，其体形硕大，显然不是作为人的随身饰品使用的，专家推测，其是作为图腾象征或用于祭祀的礼器。

目前已发掘出土和采集到的红山文化玉龙十几件，主要分布在内蒙古东南部、辽宁西部和河北北部。根据动物造型，可将红山文化玉龙分为三个类型，即兽首龙、猪首龙和鸟首龙。无论哪种类型的玉龙，都无角、无背脊、无鳞、无肢、无足、无爪，与夏商周时期的龙相比，还比较原始，处于中华民族龙之形象的形成阶段。

辽宁牛河梁遗址出土的红山文化玉猪龙

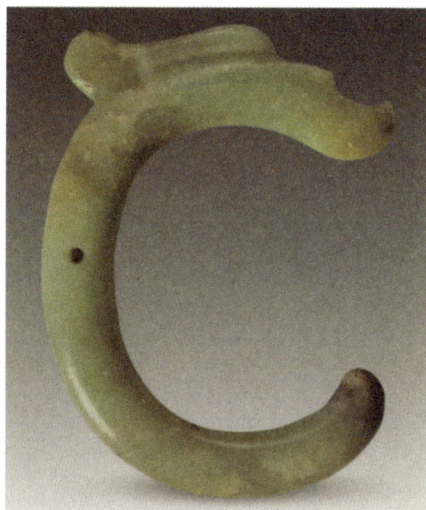

内蒙古东拐棒沟遗址出土的红山文化玉龙

109

☉ 龙文化的发展与传播

中国人对龙的崇拜渊源久远，关于其起源说主要有三种。一种是动物学说，认为龙的形象来源于熊、蛇、马、猪、鳄鱼等动物元素。龙本身就是中国古代神话中的动物，《礼记·礼运》云："麟、凤、龟、龙，谓之四灵。"龙为"百鳞之长"。

一种认为龙的形象源自黄帝的"合符釜山"。黄帝在经过阪泉、涿鹿两次大捷后，势力大增，声威远播四方。据《史记·五帝本纪》载，黄帝作为盟主，"北逐荤粥，合符釜山，而邑于涿鹿之阿"，整个部落联盟出现了"兵祸息""万国和"的局面。"合符釜山"不仅统一了各部军令的符信，确立了政治上的结盟，还从原来各部落的图腾上各取一部分元素组合起来，创造了新的动物形象——龙。因此龙是一个多元融合的产物，是融汇统一的象征，是和合团结的象征。

河南偃师二里头遗址出土的绿松石铜牌饰

山西陶寺遗址出土的彩绘龙纹陶盘

还有一种说法，认为龙的形象与伏羲有关。《补史记·三皇本纪》中记载，伏羲"蛇首人身，有圣德"。《拾遗记》描述伏羲出生时的样貌，就是后世传说中龙的形象。也就是说，伏羲与龙有紧密关系，中华民族对伏羲的崇尚就包含了对龙的崇拜。

从考古发现来看，新石器时代是龙崇拜现象形成、发展的重要时期。20 世纪 80 年代，考古人员在距今约 8000 年的辽宁阜新兴隆洼文化查海遗址中，发现了一条长约 19.7 米、用红褐色石块堆砌摆放的龙，这是目前发现的最早的成熟龙形象。此外，河南濮阳西水坡遗址发掘出 3 组用蚌壳堆塑的龙；山西襄汾陶寺遗址出土的陶盘上的龙纹逐步成熟化与格制化；河南洛阳二里头遗址发现多件嵌绿松石铜牌饰，上面的图案也似龙纹，等等。从各地出土的各种龙形象器物看，龙崇拜、龙文化与中国传统文化相伴相生，成为中华文明起源的重要标志。

1. 清乾隆帝弘历像
2. 北京北海清代九龙壁局部
3. 辽代鎏金双龙纹银冠

在中国传统文化中，龙的形象与含义经过很长时间的演变，成为正义、高贵、尊荣的象征。在《三辅黄图》中，"苍龙、白虎、朱雀、玄武"被视为"天之四灵"，用来"正四方"，苍龙作为东方的代表，被称为"东宫青龙"。在中国古代，龙是皇权的象征，皇帝以真龙天子自居，君主的相貌被叫作"龙颜"，穿的衣服被称作"龙袍"。

不过，龙的形象并没有被帝王垄断，也为民间所喜闻乐见。龙王在中国民间神话里是统领水族的王，负责行云布雨、消灾祈福，成为民间信仰中的重要角色，也是祥瑞的象征。对于以农业为本的古代中国来说，灌溉和治水是生产生活的重要内容。故而，在中国南、北方，龙王庙与城隍庙、土地庙一样随处可见，祭龙祈雨的仪式是官方和民间重要的活动。此外，舞龙灯、赛龙舟至今仍然是我国重要的民俗活动，也是中国文化遗产的重要组成部分。

龙意象在中华先民的观念中扎根，为多民族所推崇，渗透到中国古代的宗教、哲学、政治、经济、文学、艺术、社会和民俗等各个领域，表现出强大的生命力，承载了中华民族璀璨的文化。

龙是中华民族的象征之一，是中华民族奋发开拓、自强不息的精神象征。飞龙在天、龙腾虎跃、生龙活虎等成语形象地描述了龙的精神和活力。在当今社会，中华儿女也正在积极汲取龙文化的精神力量，为国家和民族的强盛奋斗不息。

玉兔东升：

中国人精神世界里的兔子

兔子在十二生肖中排行第四。据东汉王充《论衡》记载，十二生肖是按照动物的生活习性和活动时辰确定的。清晨的 5 点至 7 点属卯时，天刚亮，兔子便出去吃带有晨露的青草，故称"卯兔"。翻开历史的画卷，可以看到中国人的精神世界里，始终有一只兔子陪伴左右。

⊙ 小兔子和大将军：国与家，在心间

妇好是 3000 多年前商王武丁的王后，也是一位战功赫赫的将军。她多次征战沙场，为商王朝开疆拓土，立下汗马功劳。在这样一位巾帼将军的墓中，出土了 755 件精美玉器，其中有 3 件兔形玉佩。玉佩均采用浮雕工艺，小巧轻便，便于随身佩戴。玉雕者着重用双道阴线刻划出兔子又大又圆的眼睛。还有长长的耳朵，俏皮的短尾，或奔跑或觅食的灵动姿态，都与妇好庄严威武的形象形成强烈反差。小兔子何以得到大将军的青睐？

《孙子兵法》中总结了"始如处女，敌人开户，后如脱兔，敌不及拒"的战术，成语"静若处子，动若脱兔"即来源于此。意思是说，战争开始前要像未出嫁的女子那样沉静柔弱，诱使敌人放松戒备；一旦战斗开始，则要像脱逃的兔子一样行动迅速，

河南安阳殷墟妇好墓出土的商代兔形玉佩

使敌人措手不及，无从抵抗。兵贵神速，身经百战的妇好，一定也注意到兔子的这个技能。像兔子一样出师敏捷，大概是她取得胜利的重要因素，兔形玉佩就仿佛是护佑商王朝安宁的平安符。

兔子还具备超强的生育能力，这对于承担着繁衍王室后代使命的妇好而言，又有着特殊的意义。与一般哺乳动物不同，兔子拥有两个子宫，可在怀孕期重复受孕，孕育年龄不同的幼崽。一年多胎，每年可产幼崽数十只，这让古人对其产生了生殖崇拜。《尔雅·释兽》解释"娩"字为"兔子曰娩"。兔子谐音"吐子"。将军妇好，也是一位母亲。商王武丁对妇好的生育情况倍加关注。在安阳殷墟出土的甲骨卜辞中，留存了多条武丁占卜妇好生育的记录：

"妇好有受生？"——妇好怀孕了吗？"妇好娩嘉？"——妇好能够顺利分娩吗？

还有的甲骨卜辞记录了武丁占卜妇好的预产期，以及生男生女等内容。

在此等关心和压力下，妇好希望多子多福和渴望顺产的愿望便借助兔子的形象悄悄地表达出来了。

国安家和子孙昌。一枚小小的兔形玉佩承载了妇好的两种身份：将军与母亲。无论何时，国与家，都一并放心间。

⊙ 兢兢业业 "捣药兔"：抱杵捣药，降福人间

月中玉兔，是我国悠久的神话故事，也是古人根据月中阴影观察想象出来的月宫灵物。另相传月亮有兔，浑身洁白如玉，故称 "玉兔"。"玉兔捣药" 的神话版本有很多，最早见于《汉乐府·董逃行》："玉兔长跪捣药虾蟆丸……服此药可得神仙。" 在相当长的一段时间里，兔子留给人们的都是兢兢业业忙捣药的形象，与此有关的诗句更是不胜枚举。晋代傅玄《拟天问》中有 "月中何有，白兔捣药，兴福降祉" 句，宋欧阳修《白兔》中有 "天冥冥，云蒙蒙，白兔捣药姮娥宫" 句。

唐代流行月宫镜。中国国家博物馆藏 "大吉" 嫦娥月宫纹菱式铜镜中，一圈弦纹将镜背分为内外两区，内区为月宫场景，中间为龟形镜纽。镜纽左下方，一只竖着耳朵颇为乖巧的玉兔正在捣药；右下方，一只憨厚的蟾蜍正

唐代 "大吉" 嫦娥月宫纹菱式铜镜

在奋力跳跃；左上方，嫦娥仙子衣带飘飘，腾空而舞，一手托果盘，一手举着"大吉"铭牌；右上方是一棵枝叶繁茂的桂树；正下方有一潭池水，其上有"水"字。间隙饰以流云纹，云气缭绕，似真似幻。"我歌月徘徊，我舞影零乱"，整幅画面像笼罩在月亮的清辉中，浪漫而飘逸。手捧此镜，开匣见明月，持照如嫦娥。

"寰宇问天，探月逐梦""玉兔巡月，扬帆星河"。千百年后，铜镜上的小兔子，成为中国探月航天形象太空兔，见证着中华民族探月梦想的实现。

⊙ 防伪打假，认准刘家白兔儿

宋代，一只不辞辛劳的小兔子，在一家针铺当起了代言人。这是目前所知世界上最早的商标图案和商标广告。在中国国家博物馆藏的"济南刘家功夫针铺"广告青铜版的中间，刻着一幅"白兔捣药图"。顶部高悬店铺字号"济南刘家功夫针铺"。捣药图的两侧，注明"认门前白兔儿为记"的字样。

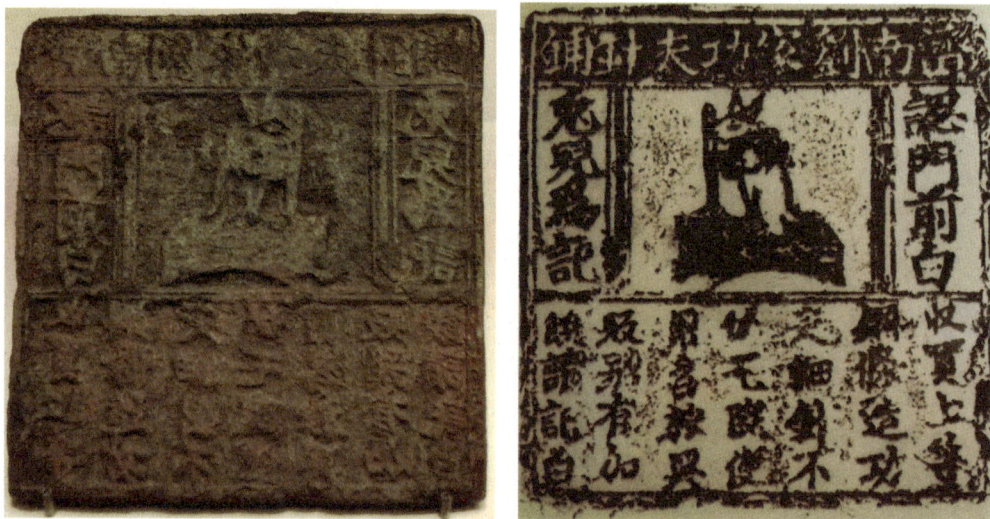

宋代"济南刘家功夫针铺"广告青铜版及拓片

宋代商品经济空前活跃，城市内各类商店和手工业作坊遍布大街小巷，同行竞争激烈。如何让自家的产品脱颖而出？聪明的老板创制了代表自家店铺的商标——一只捣药的小白兔，并告知顾客要认准门前的白兔标记，谨防假冒。图中白兔手拿铁杵，取"只要功夫深，铁杵磨成针"之意，来展现刘家功夫针的高超质量。商标下面是广告词，宣传本店的经营范围、质量保证和售卖方法。

⊙ 瑞兔呈祥，千姿百态的兔子们

《抱朴子》称："虎及鹿兔，皆寿千岁，寿满五百岁者，其毛色白。"在没有大规模引进外国品种之前，纯色兔子极少，白兔更加稀有。在民间，人们常常看到的是毛色灰黄相间的野兔。唐蒋防《白兔赋》形容白兔："皎如霜辉，温如玉粹。其容炳真，其性怀仁。"白兔曾作为祥瑞之物，供奉皇帝。玉雕题材中，抛开捣药的实用主义，象征祥瑞的兔形玉雕很多。

李静训是隋代一名 9 岁的小女孩，其家世显赫，祖父李崇，隋初官为上柱国、幽州总管；父亲李敏，官至左光禄大夫。外祖母是北周皇太后杨丽华；母亲宇文娥英是北周宣帝的女儿。在她的墓中出土了一枚小兔子玉佩，采用上好和田羊脂白玉雕成，一方面凸显墓主人的尊贵身份，另一方面，爱护她的亲人们希望在冰冷的地下，白兔的祥瑞能庇佑、陪伴、安抚这个小女孩。

陕西西安隋代李静训墓出土的玉兔佩

元明时期，象征祥瑞的兔形玉雕雕刻难度升级，采用透雕、浮雕、圆雕等手法相结合的兔纹玉雕大量出现。元代青玉雕兔嵌件中回首望月的玉兔采用镂空透雕的方法，画面层次清晰。正面雕琢柞树和灵芝花纹，树下一只兔

117

子神态安详，毫毛毕现。树后以山石为背景，营造出清新质朴的氛围。元代双兔饰件（3件）采用透雕、浮雕、阴刻、圆雕多种手法，表现两只兔子一前一后嬉戏追逐，应为同一条玉带上的三件饰物。

元代青玉雕兔嵌件

元代双兔饰件

　　黄金有价玉无价。自明代起，玉带作为一种腰带的形制，被皇帝、藩王与建立功勋受封的公、侯、伯、驸马及夫人使用。明代中期，镂雕玉带板大为流行，往往采用镂雕工艺，雕刻出"卍""寿"、灵芝和玉兔等纹饰，取意"万寿吉祥"。明代雕玉名家辈出。其中，白玉双兔耳杯由一整块玉雕琢而成，当为玉雕大师杰作。其正面、背面皆饰有四爪龙纹，左右两侧各有一只耷拉着耳朵、长着毛球状短尾巴的小兔子衔住杯口，萌态顿生。

明代白玉双兔耳杯

⊙ 天道酬勤兔儿爷

据《燕京岁时记》记载："每届中秋，市人之巧者用黄土抟成蟾兔之像以出售，谓之兔儿爷。"月宫中那只勤劳善良的小兔子，日复一日地捣药，为天下百姓治病祛灾，最终成为受人崇拜的兔儿爷。人们据此塑造了多姿多彩的兔儿爷形象。

五湖四海人，天南地北情。小小的兔子虽静默无言，却又无时无刻不在陪伴着中国人的每个重要时刻。愿玉兔东升时，千家同喜，万户皆福，花好月圆人团圆。

兔儿爷

烧烤画像砖：

穿越古今 脍炙人口

在人类社会早期，一场大火使来不及逃生的动物不幸被烧焦烤熟，人们从此开始品尝到烧烤的味道。随着人类逐渐学习用火，烧烤成为制作食物最原始的方法，也是人类烹调熟食的最早技法。

⊙ 古代烧烤三大法

烧烤，古称为炙（意为用火烤肉），是我国传统的烹调方法，历史悠久。炙炉，也就是今天的烧烤炉。

关于烧烤的称呼有"燔""炮""炙"3种。《古史考》记载："古者茹毛饮血，燧人氏钻火，始裹肉而燔之，曰炮。"《礼含文嘉》云："燧人始钻木取火。炮生为熟，令人无腹疾，有异于禽兽。"《诗经》里有："有兔斯首，燔之炙之。"这些都说明烧烤在我国流传已久。

　　古人的烧烤方法有直烧法、石燔法、炮烧法 3 种。直烧法是把食物直接放在火上烧，肉类有整烤、串烤。石燔法是把薄石板支起来，石板下烧火，石板上放食物进行烧烤。炮烧法分两种，一种是用泥土包裹烧食，熟后去泥而食；另一种是用植物叶子包裹烧食。

北京周口店遗址第一地点出土的灰烬和烧骨

　　烧烤用火，需要以柴、炭或其他燃料燃烧取火。山西省绛县西吴壁遗址是我国目前发现最早的木炭窑遗迹，属于二里头文化时期。秦汉时期，木炭已成为主要燃料之一，广泛用于生活、手工业和冶金等方面。汉代，对木炭的材质已有所讲究，这给烧烤提供了更加便利的条件。人们发现，不同燃料烤出来的食物味道不同，《隋书·列传》就记载了燃料对烧烤食品香味的影响："今温酒及炙肉，用石炭、柴火、竹火、草火、麻荄火，气味各不同。"

⊙ 历代烧烤的演进

烧烤在我国古代饮食史上具有特殊地位。商周的膳食主要以各种肉类制成的烧烤食品为主，而且开始讲究食品的刀工刀法。《礼记·内则》有云："肉腥，细者为脍，大者为轩。"意思是肉切薄片为"脍"，厚片为"轩"。《孟子·尽心》云："公孙丑问曰：'脍炙与羊枣孰美？'孟子曰：'脍炙哉！'"脍炙是一种切得很细的烤肉，成语"脍炙人口"便出于此处。

秦汉以后，烧烤之风更加盛行。尤其在汉代，烧烤已成为一种较为普遍的烹饪方式，不仅很普及，而且原料丰富、调料繁多、加工细致。

汉代铜烤炉

把食物穿成串烤食的方法，可以追溯到狩猎时代，那时人类吃鱼就有这样的串烤法。在甘肃嘉峪关出土的魏晋画像砖上，就有烤羊肉串的形象。南北朝时期，烧烤技术进一步发展。北魏贾思勰的《齐民要术》中已有烤乳猪的制作及其他多种烧烤方法的记载。

隋唐时期，烧烤技术得到更大发展。尤其是唐代，民族交融，万国来朝，受游牧民族烹饪影响，烹调方法多种多样，用火、用料也非常讲究。唐代尚书令韦巨源向唐中宗敬献的《烧尾宴食单》流传至今，虽不完整，但仍存58种菜点名称。唐代还把有些烧烤食品当成药膳，用于治疗一些疾病。

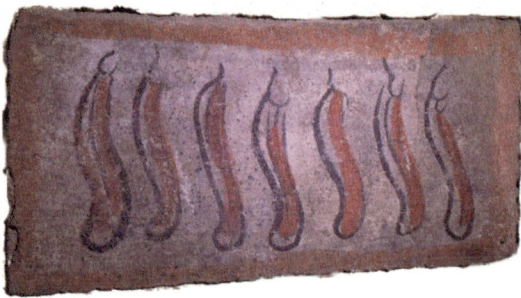

甘肃嘉峪关魏晋墓六号墓烧烤画像砖

宋代，烧烤食物种类繁杂，蔬菜和肉类皆有。烧烤食品在市肆相当普遍，烤羊肉尤受推崇。元明两代，无论是宫廷御宴还是市肆筵席，烧烤食品往往都作头盘之用。清代，在集满族和汉族菜点之精华的满汉全席上，烤乳猪和烤鸭被称为双烤，成为第二次摆台的首菜，地位显赫。随着满汉全席的盛行，双烤曾传遍大江南北。

烧烤发展至今，食材品种、用料等更加多样化，口味更加丰富，用具也更加安全环保。

北宋斫鲙雕砖

⊙ 历史上的烧烤遗存

旧石器时代烧烤坑　新疆维吾尔自治区吉木乃县通天洞遗址发现了灰烬堆积烧烤坑。烧烤坑是古代先民获取熟食的手段之一，以烧烤为主，也可烧煮。用烧烤加工熟食既简单又方便，是新石器时代至商周时期主要的烹饪方式。随着烧烤炉的出现及烧烤手段的多样化，烧烤坑逐渐淡出人们的生活。

新石器时代陶炉箅（或烤箅）　上海市青浦区新石器时代崧泽遗址出土。可横置于炉塘中间，上面放柴烧火，下面通风出灰。这样柴火可充分燃烧，提高煮食效率。有学者也将此视为烤箅，上面放食物，下面生火烤制。陶箅实际有两类，一类是蒸箅；一类是烤箅，可单独使用。也有学者认为有的箅子既是蒸箅又是烤箅，二者的区分主要是看有无烟熏痕迹，有无残留的脂肪。

汉代釉陶烧烤炉　河南省济源市出土的明器。炉为泥质灰陶质地，底平，底部分别有纵横各两条长方形漏孔。炉沿上并列放置两条烤棒，一条烤棒上放置 3 只鹌鹑，一条烤棒上放置 4 条鱼，反映了当时烧烤的情况。

汉代铜方炉　陕西省西安市出土。炉铁铸，分为上、下两层，上层长槽形炉身，底部条形镂孔，形如箅子，下层为浅盘式四足底座。炉身也有四蹄足安放于承盘之上，承接炉体漏下的炭灰。上林方炉极具代表性，其烹调方式更为先进。汉代以后烤炉的设计结构和原理基本类同。

汉代《庖厨图》画像石　山东省诸城市前凉台村东汉孙琮墓出土。画面右上角，一人踞于一架烤炉前，左手翻肉串，右手持扇扇风，烤炉上放有烤肉串。烤炉左下方一人面前有一盆，盆里有穿好的肉串，此人抬起双手，看似要取肉串；右下方一人面前放置一盆，盆里有零散的肉块，此人手持烤棒，看似正在往烤棒上穿肉块。从画像石的图像中发现，汉代烤肉串的场景与现代的肉串烤法一样。

山东诸城前凉台村东汉孙琮墓出土的庖厨图画像石摹本

汉代"烧烤者"壁画　河南省洛阳市烧沟 61 号西汉墓壁画中的烧烤者蓄有胡须，服饰左衽，为胡人打扮。《释名·释饮食》中有"貊炙，全体炙之，各自以刀割，出于胡貊之为也"的表述。"貊炙"又见于《太平御览》卷八百五十九引《搜神记》："羌煮、貊炙，翟之食也。自太始以来中国尚之。"对此，历史学家王利器、历史文献学家杨树达等人提出过类似烤全羊、全猪的"胡俗"自汉武帝以后传入中原地区的说法。

汉代青铜方炉 山东省淄博市大武西汉齐王墓陪葬坑出土。汉代烧烤炉大多为铁质，而这件器物为青铜质地，且造型奇特，有学者认为它是温酒器，也有学者认为它可以用作烤炉。其制作工艺复杂，由炉体和炉盖组成。炉盖为覆斗形，四面有许多镂空的条形出气孔。

⊙ 各具特色的地方烧烤

中国的烧烤遍布大江南北，各有特色。从烧烤的方式上看，大兴安岭的鄂伦春族把肉切成条，插在削尖的木棍上，放在篝火旁烤。新疆的哈萨克族则把羊肉串起来，手持木棍在火上烧烤。侗族、苗族有时用泥巴把食物包起来，放在火堆内烧烤。北方有些民族也用泥巴包上食物后，架在火上烧烤。广西壮族自治区三江侗族自治县的人们烤鱼时，先把鱼内脏去掉，再用树叶或菜叶把鱼包好，放在火中烧烤，待叶烧焦时，鱼也熟了。壮族用荷叶或芭蕉叶把鸡或猪肉包起来，放在篝火或火塘内烧烤。云南的彝族用芭蕉叶、玉米叶、荷叶包烧而食。烤全羊是蒙古族等民族传统而具有独特风味的宴客佳肴，其加工方法有一套特殊的流程，十分讲究。

只要一提到烧烤，人们就会想到新疆的烤羊肉串。改革开放后，新疆到内地经商的人数增多，同时也把烤羊肉串带火了。羊肉串推动了烧烤业的繁荣，并形成城市里以烧烤为主的大排档。

在四川省凉山彝族自治州，人们用烤肉蘸辣椒面吃，还用铁丝网代替串肉的树枝、竹签，形成极具特点的网烧。他们用炭火盆取代传统的火塘，在火盆上架一铁网，烤好的肉就放在上面，以保持温度。网烧成为西昌烧烤独特的识别符号。

北京人的饮食，受北方少数民族的影响很大。据说烧烤在北京落户，是从蒙古族定居北京开始的。清代满汉全席兴起，烧烤是其中不可缺少的一部分。北京人引以为豪的饮食除全聚德烤鸭、东来顺涮肉外，还有烤肉宛、烤肉季等。

几千年过去了，古老的烧烤并没有消失，而是在漫长的岁月中，演变出更多更新的方式方法。每一次烧烤，便如同亲朋好友间一次小小的狂欢。

　　烧烤何以恒久远？它符合大众口味，遍布大江南北，且操作简便、上手容易，参与性强、有集体感。尤其在室外空间，树下草上，山水之间，亲近自然、融入自然，具有一定的原始野性。烧烤吃法豪放，对人们紧张、繁忙的生活是一种很好的调节，其过程令人兴奋、愉悦，有生活情调和喧闹气氛。